U0726856

心理育儿书系002
父母与孩子的心灵通路

母爱无边养育有度

给孩子一个不卑不亢不纠结的人生

〔韩〕崔元浩 著

杨俊娟　荀晓宁 译

科学普及出版社

·北 京·

图书在版编目（CIP）数据

母爱无边 养育有度：给孩子一个不卑不亢不纠结的人生 /（韩）崔元浩 著；杨俊娟，荀晓宁译.—北京：科学普及出版社，2011.8
　　ISBN 978-7-110-07540-1

　　Ⅰ.①母… Ⅱ.①崔… ②杨… ③荀… Ⅲ.①家庭教育
Ⅳ.①G78

中国版本图书馆CIP数据核字（2011）第143825号

열등감 부모 Parents with Inferiority Complex
Copyright ⓒ 2010 by Choi, Won Ho
All rights reserved.
Original Korean edition was published by Dasan Books Co., Ltd.
Simplified Chinese language edition ⓒ 2011 by Popular Science Press
Simplified Chinese language edition is published by arrangement with Dasan Books Co., Ltd.
版权所有 侵权必究
著作权合同登记号：01-2011-1958

出 版 人	苏 青
策划编辑	任 洪
责任编辑	侯满茹　何红哲
责任校对	孟华英
责任印制	张建农
装帧设计	青青虫工作室

出版发行　科学普及出版社
地　　址　北京市海淀区中关村南大街16号
邮　　编　100081
发行电话　010-62173865
传　　真　010-62179148
投稿电话　010-62103315
网　　址　http://www.cspbooks.com.cn

开　　本　880毫米×1230毫米　1/32
字　　数　132千字
印　　张　7.25
版　　次　2011年8月第1版
印　　次　2011年8月第1次印刷
印　　刷　北京长宁印刷有限公司印刷

书　　号　ISBN 978-7-110-07540-1/G·3251
定　　价　28.00元

（凡购买本社的图书，如有缺页、倒页、脱页者，本社发行部负责调换）

本社图书贴有防伪标志，未贴为盗版

教育学博士是怎样养育孩子的

作为教育学博士的我，儿子却是班里的倒数第一名

"博士的儿子肯定是这次得第一名的韩英秀，对不对？"

这是儿子上小学时，我去参加家长会，一位老师想当然跟我说的一句话。其实，在我的三个孩子中，儿子是性格最活跃的一个，而成绩却是班里的最后一名。当时，家长会几乎成了学习优秀孩子父母的聚会。而我，只是为了鼓励孩子，才去参加的。结果，因为我是教育学博士，一位老师便有了上面那样的误会。

如果按照平时的做人原则，我应该毫不犹豫地讲出实情，可是，我真的很难坦然面对儿子"倒数第一"这个事实。当然，我后来还是实话实说了，可在众人面前说出自己孩子的成

绩，的确是需要很大勇气的。当然，这是在孩子成绩不好时，才会出现的情况。

在整个小学阶段，儿子的成绩即使不是班里倒数第一，也是在最后几名徘徊，但他的性格很开朗，每天都面带笑容。儿子有很多朋友，班里的同学都喜欢他。很多父母往往会更加重视孩子的成绩，而非孩子的性格。但是当看到孩子没有过度压力，开心快乐地度过校园生活时，父母还能说什么呢？

某一天，孩子忽然意识到，对自己想做的事情来说，学习成绩很重要，于是他开始努力学习。当孩子认识到，提高成绩是实现梦想的必经过程时，他就会自觉地去学习，不需要别人督促。现在儿子已经上中学了，他的成绩一直保持在班里的前五名。

虽然我的专业是教育学，但实际上我是在养育孩子的过程中才学到了更多的东西。小时候，我也是听着父母说"有钱才有尊严""必须要无条件地好好学习"这些话长大的。除了这些，父母几乎就没有再说过别的。当时，我也是把这些话奉为真理，一直努力学习，并获得了博士学位。然而，在生活和工作中，我才真正意识到，很多东西都比金钱和成绩更重要。

在问题孩子的背后，总有问题父母的存在

十几年前，在韩国大田曾经发生过成绩第一名孩子自杀的事件。这个孩子的父母平时总是说，"我们最大的愿望就是你能

得全校第一名"。于是孩子拼命学习，也真的拿到了第一名。问题也是从那个时候出现的。孩子毫无缘由地变得很忧郁，最终选择了自杀。从他的遗书中，大家才知道孩子忧郁的原因。孩子一直是按照父母的愿望生活，虽然得了全校第一名，但是从此以后，便失去了目标。没有了目标，似乎也就失去了继续活下去的理由。之所以会发生这样的悲剧，就是因为，这个孩子的人生，完全被父母当成了自己的人生。

这种令人遗憾的事情，其实经常发生。很多自杀的青少年，都曾有因无法改变自己的现状而痛哭不已的情况。虽然是自己的人生，但在需要做决定的时候，必须有父母陪伴在身边。还有一些优等生，在各种面试中因为无法准确表达出自己的想法而屡屡落败；有一些大学生，因为听不懂老师讲课的内容，需要妈妈陪着上课……对于这些青少年来说，需要认真思考的问题并不是学习成绩，而应该是自身的性格问题。

在我的教育咨询职业生涯中，接触过很多父母和孩子，也多次印证了我的一个判断：在问题孩子的背后，总有问题父母的存在。这些问题父母面对的大多是一个相同的问题，那就是"自卑感"。一旦成为这种"自卑父母"，就会在身体、经济、社会、家庭和学业等各方面，对孩子形成困扰和影响。

在韩国的俗语中，有两句话可以很恰当地形容这种情况，那就是"看到堂兄弟买稻田就肚子疼"和"总是看着别人的打糕大"。要是用前一句话来形容孩子父母，应该就是"看到别人的孩子得了第一名就肚子疼"。当看到堂兄弟置了稻田，或者别人家孩子得了第一名，每个人的感受可能都是类似的。没理由压抑这种感觉，或是因这种感觉而自责。实际上，越是压抑这种感觉，反而越会觉得自己的孩子无能，并让自己更加自卑。其实最重要的，是承认自己的这种自卑感，并相信自己和自己孩子的能力。如果能肯定并信任孩子的能力，就算一时感到"肚子疼"，这种感觉也不会持续很久。

父母的态度，往往会改变孩子的一生

重要的并不是没有自卑感，而是能否有效地管理自己的自卑感。父母的态度，往往会改变孩子的一生。是跟孩子说，"你也可以得第一，妈妈相信你的能力。"还是说，"别人家的孩子得了第一，你怎么考得这么差？你怎么这么笨？"

有些父母，能够把自卑感转化为一种动力，让它发挥出罗盘的作用，引领孩子走向成功的人生。而有些父母，则把自卑感与紧张、恐惧联系在一起，并让孩子深陷其中，如同受到牢狱之灾。

这本书，就是为了那些想把自卑转化成动力，引领孩子走向成功人生的父母所写。一直到小学阶段，父母对孩子的指导方式，都会深深地影响孩子的性格。所以，本书也把重点放在了小学阶段孩子的父母上。

这里所提出的解决办法，是非常简单的。孩子的问题其实就是父母的问题，而要想解决父母的问题，就必须消除多年来存在于父母内心的自卑感。换句话说，要想改变孩子的人生，必须先改变父母的心态。

　　另外，本书还介绍了如何让孩子更加幸福的教养方法。其实，如果把这些方法用理论来概括的话，可能都是差不多的内容，其核心就是"改变"。实际上，能否发生改变，才是最重要的。

　　如果父母不能首先认真审视自己，那么孩子是不会发生改变的。所以，从现在就开始，找出自己内心的自卑感，然后努力把它转化成希望、肯定和幸福。如果现在就开始采取行动的话，那么我相信，你们一定能够成为优秀的父母。

　　在这里，我要衷心感谢我深爱的妻子，和我的孩子贤硕、民硕、贤民，以及一直最支持我的人——我的妈妈，还有所有关心我的人。最后，还要向茶山博识出版社的金善植社长，以及各位编辑同仁，表示真诚的感谢。

崔元浩

2010年新年伊始

目　录 >>> CONTENTS

第二章　孩子的自卑感是父母播种的 ✿

第四章　养育无自卑感羁绊的自信孩子

第一章
受到自卑感影响的孩子

"没有有问题的孩子，只有有问题的父母"，这是许多儿童心理专家都很认同的一句话。每次见到那些因为子女问题来接受咨询的父母，会发现十有八九都是父母的问题远比孩子的更多。在观看《我的孩子变了》和《直播60分钟父母》等电视节目时，也常常发现，在问题孩子背后，总有着存在更大问题的父母。问题父母的类型多种多样，有打孩子的，有无视孩子的，有严厉管教的，还有过度溺爱的……不过，这些形形色色的表现背后，都存在一个相同的问题，那就是"自卑感"。那么，在怀有这样一种严重自卑感的父母身边长大的孩子，往往会出现哪些问题呢？

在第一章中，我会和读者一起审视隐藏在问题孩子后面的父母自卑感，并一起探讨解决的方案。在本章，我还将通过一些具体的案例来说明，如果不切断孩子和父母自卑感之间的纽带，绝对无法解决孩子的问题。

如果想让孩子拥有梦想，父母自己先要有梦想。

01 没有梦想的孩子

宰英上小学六年级。从外表看，她是一个非常文静的女孩，给人留下的印象是漂亮、听话，绝对不会惹妈妈生气。但是，宰英却存在一个非常严重的问题，那就是，她对任何事都没有欲望。

宰英不喜欢去学校，不喜欢上课外辅导班，不喜欢学小提琴……这让她的妈妈感到非常难过。虽然也可以拉着她的胳膊，强行带她去做这些事情，但宰英的表情总是很冷漠，成绩和能力也没有提高。从一年前开始，宰英本来很好的学习成绩开始出现大幅下降。宰英也变得越来越紧张，只要一有时间，就钻进自己的房间睡觉。

明年，宰英就要上初中了，可她现在的状态，显然无法适应中学的生活。这让妈妈头疼不已，却又不知道该怎么办。

"宰英的这种情况是从什么时候开始的？"

"好像是从去年开始的，今年变得越发严重了。"

为了进一步了解宰英的情况，我首先询问了宰英一天的学习、生活情况。10岁的宰英参加了6个课外辅导班和兴趣班，要在两个地方学习英语、美术、数学，还要去私人老师那里学习小提琴。宰英每天的日程安排，甚至比演艺明星还要紧张。妈妈却说，因为孩子对很多东西没兴趣，已经为她减少了不少课程。

韩国的孩子，大约从小学四五年级开始，就正式进入了私人教育领地。因为即将面临升入中学，家长都想让孩子在竞争中取得好成绩。最近又开始流行起用纯英文教学的国际中学，导致小学生的学习负担更重，甚至超过了初中生和高中生。

问题是，大部分孩子对上这些课外补习班的目的，并没有一个清醒的认识，也不清楚自己为什么要这样学习。虽然父母总是一味地说，"这都是为了你好"，但孩子们还不可能真正地认识到学习与成功之间的关系。所以，孩子们只是在父母的指挥下，毫无目的地打发日子而已。

宰英的情况就是这样的。每天上完所有的课程回到家，已经是晚上10点多了，还要写老师留的作业。所有功课都完成之后，常常是午夜时分了。第二天早上一睁眼，就要继续冲进学校和补习班。就像不停旋转的车轮，孩子就这样一天接着一天地旋转着。

父母的人生态度会对孩子产生极大影响

我问宰英妈妈："你的梦想是什么？"

妈妈很惊讶地笑了，"我呀，孩子们能够好好长大，就是我的梦想。"

"可那是孩子们的人生，并不是你的人生啊。"

"孩子的人生不就是我的人生吗？"

"难道你就没有属于自己的梦想吗？"

"孩子的梦想就是我的梦想，我为什么还要有自己的梦想呢？"

宰英妈妈这样辩解。如今，很多妈妈都认为自己和子女是一体的，孩子的梦想就是妈妈的梦想，孩子的成功也是妈妈的成功。这样一来的问题是，为了实现梦想，做出努力的主体成了妈妈，而不是孩子。

如果按照宰英妈妈所说，宰英就不是单纯为了实现自己的梦想在学习，而同时也是为了实现妈妈的梦想在努力。如果宰英失败的话，也就意味着妈妈的失败。

那些强迫孩子上大量补习班的父母，那些给孩子施加过度学习压力的父母，如果问问他们自己生活得怎么样，可能大部

母爱无边 养育有度
给孩子一个不卑不亢不纠结的人生

分人都回答不出来。因为，养育、督促孩子，就是他们生活的全部。这些父母理直气壮地认为，这就是自己的人生目标。

对于人生目标还没有明确意识的孩子，都只是单纯地为了父母在生活，在学习。只有父母做出表率，努力工作，向目标发起挑战并获得成功，孩子才能够拥有目标，富于理想。

获得了哈佛大学博士学位的徐真规就是这样一位妈妈。她说，女儿没有被哈佛大学录取，是自己进入哈佛深造的一个重要原因。

看到女儿没有被申请的学校录取而伤心难过的样子，徐真规想，"如果我能努力考上哈佛，一定会对女儿产生极大的刺激"。所以，她咬紧牙关，刻苦学习，终于考进了哈佛大学研究生院。而且，正如她预想的那样，女儿被妈妈的努力深深打动，再次向哈佛发起了挑战，并最终成功考取。两人成为第一对同在哈佛就读的母女。这件事在美国社会中造成了很大的轰动。

可是，像徐真规这样，为了孩子的梦想，从自己做起的父母，又能有几个呢？又有多少人能够认识到，父母对于人生的态度，会极大地影响孩子对人生的态度呢？

你是否也是在把自己与子女一体化的同时，没有努力对孩子产生正面的影响，而总是希望通过孩子，实现自己未能实现的梦想，或者更准确地说，实现自己的贪欲呢？

父母的自卑感造就了没有梦想的孩子

我的朋友中有一位教授，儿子曾经在美国刻苦攻读，获得学位后回到韩国，组建了一支独立乐队。每次儿子演出的时候，这位教授都会邀请身边的朋友一起去观看。对于儿子的选择，他采取的是接受和鼓励的态度。

还有一位先生，他本人毕业于韩国最好的大学，他认为，自己的孩子也应当进入这所大学。因此，在孩子们很小的时候，这位先生就对孩子们提出了近乎苛刻的要求。他的三个儿子，有两个考入了他毕业的那所大学，有一个儿子没能实现父亲这个愿望。为此，这位父亲大发雷霆，甚至对儿子说出"你不配做我儿子"这样的话。这对于儿子的伤害可想而知。

从最好的名牌大学毕业，拥有一份非常体面的工作，并不代表没有自卑感。强迫孩子走与自己相同的道路，否则就一味否定——这种对名牌大学的强烈"向往"，其实就是自卑的表现。

对于那些有自卑感的人来说，一种叫做"自我防御"的机制发挥着重大作用。他们在保护自己的同时，往往会表现得非常敏感。自卑的人无法忍受自己受到哪怕一点点损失，也无法忍受孩子身上的不足，甚至认为那是一种耻辱。对于什么是自卑感，如果换一种方式表达，也可以将其定义为，一种总是感觉自己不足，略带病态的，强烈、持续的紧张状态。父母从事一些专业性强的工作，并不代表子女也必须从事相同的工作。

可有些父母不能正视这一点，并觉得因此受到了打击。这都是因为，与子女的幸福相比，这些父母更看重的是孩子表现出了父母的缺陷，并因此而感到担忧。

心中充满自卑感的父母，会不断强迫孩子学习。最终的结果就是，孩子逐渐失去人生目标，也变成一个充满自卑感的人。孩子一旦产生自卑感，不仅在学校，在处理各种社会关系时，都会感到很吃力。而且，随着时间的流逝，孩子会变得越来越固执，越来越偏激。

父母应该做什么

1. 首先找到自己的人生梦想

　　如果想让孩子拥有梦想，父母自己先要有梦想。以前，人们的梦想或许就是吃好睡好，而现在，追求这种梦想的时代已经结束了。即使是上了些年纪的人，如果问他们，也一定会说出很多想法。父母充满理想，并且为理想而奋斗，会给孩子做出很好的榜样。其实，梦想未必一定要很远大，减轻几公斤体重，完成一次马拉松比赛，甚至是读几本书，都可以成为一个小小的梦想。我们每个人都该拥有自己的梦想，把这话告诉我们的孩子吧！

2. 放弃对孩子的过分奢求

　　对于那些过分看重孩子成绩的父母，我很想建议他们去医院的儿科病房看一看。那里的父母对于孩子的最大期望，不是考第一名，也不是进名校。这些孩子的父母已经切实认识到，人生中最重要的，是拥有健康的身体和心灵，幸福度过每一天。如果父母不做出改变，孩子也只能继续过没有梦想的生活。再多啰嗦一句，父母的职责不是让孩子去完成父母所希望的人生，而应该是帮助孩子找到属于自己的人生。

思考

- 一天中我对孩子说得最多的一句话是什么？
- 有没有想过，在我关注孩子的同时，孩子也在关注着我？
- 我的梦想是什么？我是没有梦想的人吗？

02

爱说谎的孩子

最近有一位妈妈来咨询，她最担心的问题是12岁的女儿经常说谎。孩子的谎话最初都是从一些很小的事情开始的。

谁把书撕破了？谁把水碰洒了？对于这些质问，女儿总回答是小自己两岁的弟弟干的。另外，女儿还会因为着急出去玩，谎称老师没留作业。每次，当这些谎言被揭穿的时候，妈妈只是轻描淡写地说两句。随着这样的事情越来越多，孩子的谎言也越来越花样百出。

有一次，女儿坦然地告诉妈妈，今天补习班的老师生病了，不用上课，就一个人在家里玩。后来妈妈知道了她在撒谎，终于生气了。可是，孩子说谎的毛病，不是那么容易制止的。有一次，女儿谎称有朋友过生日，要买礼物，却要钱买了自己喜欢的东西。这件事之后，妈妈不得不开始寻求专家的帮助了。

很多父母都认为，孩子说谎是件非常严重的事情。有些父母甚至认为，"这个世界上，说谎的小孩是最令人讨厌的"。

的确，诚实非常重要，在孩子性格形成的过程中，诚实是最需要重视的品德之一。

但是，懂得心理学的人，对孩子的说谎行为，多少会宽容一些。从心理层面来看，谎言大多是因孩子的错误判断或错误概念而导致的。对孩子的说谎行为，最好看做是发育阶段的一种心理现象，没有必要一下子就上升到"错误"甚至"罪恶"的高度。

特别是4岁之前，这个年龄段的孩子，对现实和非现实无法很明确地区分，往往在想象的基础上表达事情。这种表达常常被成年人看成是谎言。其实，6岁之前孩子所说的谎话，很难将其定义为真正的谎言。有时候，就连10岁的孩子，也会如同沉浸在童话世界一般，说出一些"谎话"。

仔细对孩子的谎话进行分析就会发现，有时孩子所说的话全部都不是事实，有时部分是事实。大部分孩子第一次说谎，是为了逃避某种行为的后果，或者是为了维护自己的自尊。也有时候，孩子是在模仿大人说谎。在这种情况下，如果一直追问孩子为什么说谎，通常是不会有什么效果的，还很可能"强化"孩子的说谎行为。所以，当确定孩子是在说谎时，要采取"面对"的态度。如果对孩子的行为并不确定，要仔细观察孩子，看看是否能让孩子自己说出真相。父母的这种处理态度，会让孩子学习到诚实和信任，并从此奠定人生的基石。

有时候，孩子刚刚萌发的自尊心、自卑感，以及对现实的错误理解等，都会导致其说谎。学龄期儿童在竞争过程中，为了获得肯定也会说谎。这个时期，有些孩子会严格遵守规定，并能接受失败，但有些孩子则无法接受自己的失败，从而想出一些其他的招数。无法接受自己失败的孩子会害怕自尊心受损，从而不惜付出其他代价。从心理学角度来说，孩子也会因总想要优于别人而产生心理压迫感，从而做出说谎行为。

如果想让孩子不说谎，父母必须要对孩子做出明确的说明。必须要让孩子明白，在游戏或学习中获得第一名，不过是人生中的次要问题，重要的是拥有坦率、真诚的品格。

孩子从父母那里学到怀疑态度

那些说谎孩子的父母，十人有十人都会说，"他（她）这个样子，也不知道到底像谁？"

可是，说这话的父母们，难道真的就从来没有说过一句谎话吗？当然，每天谎话连篇，和偶尔说些善意的谎言是有区别的。但必须要承认，父母也是说过谎的。而且最重要的是，父母的很多谎言常常是以孩子为对象的，并且这样的谎言仍在继续之中。

很多父母错误地认为，在孩子与父母的关系，以及孩子与其他成年人的关系中，成年人的谎言没有太大影响。换句话说，很多人认为，父母可以酌情对孩子说谎；并且，他们也不认为那是谎言。

下面我们举一个例子，也是妈妈们最容易犯的一个错误。当自己要外出需要把孩子留在家里，可孩子哭着不肯放妈妈走的时候，很少有妈妈会等到孩子弄明白为什么要这样做以后再离开。

大部分妈妈都会这样哄孩子，"妈妈出去给宝宝买冰淇淋"或者"妈妈去上个厕所，马上就回来"，然后就出门了。当妈妈说完这个小小的谎言出门后，孩子会认为妈妈真的会很快回来，然后一直开着门等妈妈。

在这种情况下，即使是对还没有掌握时间概念的孩子，妈妈也应该明确地说明情况，"现在是上午10点，妈妈下午6点就回来了"。这样，孩子就不会再做无谓的等待了。如果是更大一点的孩子，已经有了大致的时间概念，他（她）就会相信妈妈，并懂得去等待。

需要注意的是，如果和孩子约好下午6点回来，那就一定要遵守约定。可是，大部分父母不仅做不到这一点，而且不会为此感到愧疚。这样一来，情况就变成了父母在对孩子撒谎。

除此以外，当孩子哭闹的时候，父母很容易许诺下次带孩子去公园，或者买什么玩具等"诺言"，而这些许诺又很容易被忘得一干二净。这也是一种有代表性的父母常说的谎话。

我的朋友跟我讲过这样一件事。他上小学的时候就跟父母要求买一架钢琴，后来，父母答应等他上了初中就给他买。可当他上初中以后，父母又说，等到他上高中以后再买。等到他上了高中以后，父母的许诺又变成了上大学以后再买。

最终，父母也没有给他买这架钢琴，而他，不知道从什么开始，也不再提起这件事了。其实，不仅是钢琴，他逐渐变得对父母不再有任何期待了。

曾经坚信与父母的约定，当发现父母并没有遵守约定时，孩子会感到巨大的失望和挫折，最后对父母的许诺变得绝望。

在这个过程中，最重要的一点就是，父母一次次的失信，让孩子深深地感受到一种怀疑的情绪。而且，孩子的年纪越小，从父母的这种欺骗行为中学习到怀疑心态的几率就越大。

父母的不信任使孩子谎话连篇

有些父母并不信任自己的孩子。虽然是自己所生所养，拥有自己的遗传基因，但对于孩子，有些父母首先采取怀疑的态度。这样的父母也是充满了自卑感的父母。因为自卑，这种人不会发自内心地信任任何人。

比如说，当孩子拿着一本漫画书跑过来，妈妈问，"这书是哪儿来的？"孩子回答，"是我把零花钱攒起来买的。"可是，妈妈认为这本书不便宜，怎么也不肯相信真的是孩子用零花钱买的，甚至会怀疑是孩子从书店偷的。

如果是没有自卑感的父母，就不会有这样的怀疑。无论这本书看上去多昂贵，如果孩子说是自己花钱买的，他们就会相信孩子说的。

而且，就算书真的是孩子从书店偷的，当他（她）看到妈妈对自己充满信任时，相信孩子会主动把书还回去。而且，过一段时间，孩子多半会主动告诉妈妈事情的真相。这时候，妈妈的态度就非常重要。当孩子说出事实时，除了要指出孩子之前所犯的错误，也必须对孩子的决定进行称赞，"谢谢你能有勇气把这件事告诉妈妈。"

可是，如果妈妈说，"我早知道会是这样"，并动手打孩子的话，孩子就会觉得，"原来承认错误就要挨打"。以后再出现这类事情时，孩子就更不会说实话了。

真正的问题出自那些因自卑感而抱有强烈怀疑态度的妈妈们身上。无论孩子怎样解释，这本书确实是用零花钱买的，这种妈妈都会认为，"你这孩子什么时候学会说谎了？你怎么可能会有那么多钱？是偷的吧？"而不尝试去相信孩子。

对孩子来说，没有什么比得不到父母信任更加不幸了。而遇到过这种不幸的孩子，以后会去编造更多的谎言。孩子会认为，只有更大的谎言，才能骗过父母，反正说实话也得不到信任，那就只能去想一些能够让父母相信的谎话了。产生这种想法以后，孩子会为此而不断努力。

如果在人际交往中也总是抱有怀疑态度的话，则很难获得真正的友情。在人与人的交往中，信任是第一位的。

如果要找寻父母这种怀疑态度的根源，很有可能也来自于不信任的父母。因为无法获得父母的信任，所以长大之后，也成为了不信任孩子的父母。一个怀疑导致另一个怀疑。切断这种恶性循环的唯一方法，就是父母要努力克服自身的自卑感，学会信任孩子。

孩子偷东西怎么办

有些小孩子，在去文具店或超市的时候，会偷拿一些小东西。随着年龄的增长，正常的孩子都会意识到这是一种错误行为，并自觉杜绝这种事情的发生。但是，有些孩子会继续偷窃。这样的孩子也知道，这是错误行为，但因为想拥有那件东西的欲望太强烈了，或者说，欲望战胜了理智，所以就继续发生这种行为。

有些孩子是为了维护自尊偷拿别人的东西，而有些孩子则是因为缺失感而偷东西。他们会用这些偷来的东西，代替父母的爱和关心。有时，孩子偷东西则是为了对父母进行报复。

　　无论孩子出于什么理由偷东西，如果父母想要纠正孩子的这种行为，最重要的是要立刻指出孩子的错误。当然还要努力去了解，孩子为什么会出现这种行为。一定要有耐心，要深入到孩子的内心世界，真诚与孩子沟通。如果父母这样做了，并且尽量满足了孩子的要求，同样的事情还是屡次发生的话，最好去专业咨询机构，寻求专家的帮助。

1. 坦率地面对孩子

首先，父母不要为了逃避某些事情而增加说谎的次数。外出的时候，如果孩子哭闹、不肯放手，可以明确地告诉孩子回来的时间，并且一定要遵守约定。如果回来得要比约定时间晚，也必须要提前告诉孩子。

很多父母只会把真实情况交代给孩子的看护人，而不告诉孩子。这种做法欠妥。即使孩子处于还没有时间概念的年纪，告诉孩子事实也是一种正确的做法。只有这样，孩子才不会无谓地等待父母，也不会因此对父母产生不信任的感觉。

2. 要肯定并称赞孩子的坦率

当孩子坦率地说出自己的想法时，即使是错误的，也必须肯定并称赞孩子的坦率。

"因为你诚实地跟妈妈说，你要钱是想买这件玩具，所以妈妈给你钱。"如果父母这样说，孩子就不会通过撒谎说买书来要钱了。许多父母关注的，可能只是"孩子买玩具"这个结果，但不要忘记，在子女教育中，重要的不是结果而是过程。

3. 对孩子的谎话不必过分紧张

"你这次说谎了，以后你再说什么，妈妈都不会相信了"，或者"快老实说，到底是怎么回事"，前者的怀疑和后者的质问，其实都是不太明智的做法。父母表现得越是紧张，孩子也会越紧张，甚至还会因此说出一些平时不会说的谎话。

其实，最好的方法是接受孩子也可以有自己的秘密，并且相信孩子有独立分辨的能力，一句"妈妈相信你"就足够了。

思考

- 是否总是追问孩子，"是真的吗？不是说谎？"
- 是否经常在一些小事上对孩子撒谎？
- 会认真遵守与孩子的约定吗？
- 是否曾经在孩子面前对别人说谎？

03
注意力分散的孩子

"上课的时候，不专心听讲，总是走神，成绩当然好不了。已经10岁了，可还老是记不住留了什么作业，总是要回家以后再问别的同学。弄得我每次看到同学的妈妈，都觉得很不好意思。"小范的妈妈为此来向我咨询。

以前，孩子注意力分散不算大毛病。特别是男孩子，注意力分散似乎成了基本特征，甚至被当作聪明机灵来称赞。

可是现在，孩子注意力不集中已经成了一个令人烦恼的问题。注意力分散的孩子，很自然地就被归入学习能力低的一类中。很多妈妈也都认为，如果身边有这样的孩子，自己孩子也会受到影响。由此，注意力分散的孩子也容易受到其他小朋友的排挤，这些孩子的父母也只能是暗自发愁。

注意力分散，就是注意力不集中。孩子因为无法长时间专注于某一件事情，很容易被其他东西所吸引，注意力也就很自然地被分散掉了。

"和小朋友一起玩的时候怎么样？能专心玩吗？"

"每次和小朋友一起玩的时候，什么事都干扰不了他。"

"这么说，小范并不是不能集中精神，只是不能专心学习而已。"

听到我这么说，小范妈妈的脸上露出惊讶的表情。

"和小朋友一起玩，也是需要集中注意力的。您在和朋友聊天的时候，如果不集中注意力，对话也是很难进行下去的。小范也是一样。"

大部分父母对于注意力分散的认知，都与小范妈妈类似，那就是将标准定在了能否专心于学习上。

关于注意力，其实很容易理解。看看我们身体中维生素的情况就明白了。虽然都叫做维生素，但其实还可以细分为维生素A、维生素B族、维生素C、维生素D等。这些维生素可以分别作用于我们身体中各个需要的部位。当缺乏某种维生素时，身体就会出现相应问题。如果缺少维生素A，会出现夜盲症；缺少维生素D，就会影响骨骼生长。

注意力也是一样。其实，专业人员是很难单纯地做出"注意力不集中"这种判断的。在孩子的注意力中，包括对学习的注意力，对课外活动的注意力，对朋友的注意力，还有对其他感兴趣事情的注意力，等等。

大部分父母常犯的错误是，当孩子对学习不够专注时，就得出"我的孩子注意力分散"的结论。虽然对于学习的注意力，只是注意力的一部分，但父母的确很容易因此就认定孩子有注意力分散的毛病。

必须知道缺少哪种维生素，才能正确地加以补充。同样，必须要了解孩子容易在哪方面发生注意力分散，才能找到解决的办法。如果不能了解孩子到底缺少什么，需要什么，那怎么做也都是徒劳的，不仅无法修正孩子的行为，反而可能让情况变得更糟。

像小范这种类型的孩子，就算把他硬按在桌子前学习，他肯定也会对书本视若无睹。虽然人坐在书桌前，要么用笔在桌子上乱画，要么把嚼完的口香糖粘在桌子底下，要么就是观察蚂蚁在桌子底下爬来爬去的样子。当然，小范这样做，并不代表他就对乱画，对粘口香糖，或者对看蚂蚁真感兴趣，他只是需要一个可以转移注意力的对象而已。

因此，就算妈妈在一旁，监督着小范在书桌前坐一个小时，当合上书问他问题时，他肯定是回答不出的。就像成年人为了打发时间坐在电脑前上网，虽浏览了丰富的内容，但很难留下深刻的印象一样。那些注意力分散的孩子，同样也是在应付书本和老师的讲课而已。

不过，这样的孩子一般会对动画片或者游戏表现出足够的关注。那是因为，动画片和游戏可以刺激孩子的大脑，吸引孩子的注意力。

父母与孩子的正确沟通培养孩子的注意力

注意力分散，指的是对于对象感受不到兴趣和好奇。说得更严重些，就是无法对对象产生感情。因为没有感情，也就没有兴趣和好奇心了，自然也就没有理由集中注意了。这就如同我们每天在路上与无数人擦肩而过，但不会去认真观察别人穿了什么一样。

问题是，当这个需要关注的对象是书本和老师时，孩子如果依然无法集中精力，事情就比较麻烦了。

有些孩子并不存在称之为"注意力缺失障碍"的这种病症，但也表现出注意力分散，原因多半来自于孩子父母。说得更具体些，就是问题出在孩子与父母的关系上。

"和孩子说话的时候，你会看着他的眼睛吗？"

"正忙着教训他，哪儿还顾得上看他的眼睛呀。"

那些注意力分散孩子的妈妈，大多都会做出类似的回答。

"那爸爸呢？"

"爸爸说他的时候，孩子会低着头，一句话都没有。逼着孩子回答，他就会'是，是'地点头……"

看来，从小范小时候开始，他的父母就没有注视着他的眼睛，与他认真沟通过。可以想象一下，与人说话时，如果不是看着对方的眼睛，而是左顾右盼，或者将视线停留在对方的胳膊或肩膀上，对方会是一种什么感觉呢？相信在这种状态下，是很难达到沟通目的的。

　　问题还不止这一个。即使小范想要对父母的话做出回答，大多情况下得到的也是训斥，"你安静一点，没听到大人正说话吗？"或者"眼睛看哪儿呢？专心点！"

　　在这样的家庭里，就算孩子想要表达自己的意见，也无法顺利地传递给父母。当孩子想说话时，父母并不是说，"好吧，你有什么想说的尽管说"，而是打断孩子的话，"你先安静点儿，先听妈妈说！"在这种不能听孩子把话说完，不能看着孩子眼睛说话的父母身边长大的孩子，根本不可能学会关注他人，他们甚至连培养注意力的机会都无法获得。孩子是从小时候开始，通过与父母的眼神交流，最早体验到集中注意力这一概念的。

对话时，父母的正确参与

听孩子把话说完，并不是在孩子说话的时候，父母就不能有任何参与。对话时父母的参与，可以分成"障碍参与"和"促进参与"两种。

障碍参与，不是引导孩子表达出自己的想法，而是引导他（她）用"不是"进行辩解。例如，这样对孩子说，"妈妈不是说了让你先写作业，然后再玩吗？所以，你是不是错了？"这样一来，孩子为了保护自己，只会反复地说，"不是那样的。"

促进参与，如同孕妇在过了预产期后还没有生产，医生为她注射催产素一样，是在适当的时候，引导和刺激孩子正确地表达出自己的想法。例如，通过说"那么，你怎么认为呢？那时候你的心情怎么样？"由父母做一个开头，帮助孩子去整理他（她）的想法。

过分追求完美是父母常犯的错误

观察那些注意力分散孩子的父母，有一种类型的父母是不能不提的，那就是道德观念过强，或者过分追求完美的父母。这样的父母，对孩子的评价，自然非常敏感。前面提到的小范父母，对于小范采取的教育态度，"你安静点儿！"或者"眼睛看哪儿呢？"就是出于一种道德偏见，认为孩子对家长就应该唯命是听。

一些父母因为道德观念很强，对事物的评价标准也很严格，即使对孩子，也同样追求完美。如果孩子犯一点小错，忘记写作业，或者对别人没礼貌等，父母都表现出极度的不满。而当孩子外出的时候，他们又总是担心孩子会被别人欺负。强调道德观，要求孩子的行为成熟，当然是没错的。但是，如果这样做不是为了更好地教育孩子，而是因为自己无法忍受孩子的"问题行为"，那就是父母的问题了。

如果父母不肯听孩子把话说完，总是打断孩子的话，孩子就会感受到一种被"压抑"的情绪。或者不管做什么，父母都表现得非常冷漠，孩子也就没有兴趣尝试新东西，或是专心做事了。父母与孩子的关系，也会因此发生错位。长此下去，孩子会对校园生活失去兴趣。但家长们往往会简单地认为，是因为孩子本身的问题才会导致这种情况。有时父母还会把孩子跟兄弟姐妹进行比较，"你哥哥（弟弟）就不这样，你怎么会这样？"殊不知，这样会更增加孩子的自卑感。这种态度，只会让孩子在心理上感受到挫折。

在孩子经历了失败时，如果父母能够给予鼓励，"你一定能做好"，孩子会努力去克服失败带来的自卑感。但是，如果父母对孩子采取嘲笑、讽刺的态度，孩子会感受到莫大的失败感。

"原来我就是不行，连妈妈都说我做不到。"

小范与朋友们的关系很好，相处十分融洽，这是因为朋友们不会带给他自卑感。比小范的情况更严重的孩子，会在人际关系中也无法采取专注的态度。在和朋友说话时，不能注视对方的眼睛。与他人没有眼神交流，就意味着这个人缺乏自信。

孩子注意力分散的根源在父母身上

　　让我们再次回到最初的问题上。小范妈妈为什么不看着孩子的眼睛说话呢？

　　"我总是一眼就看到他犯了什么错，说话的时候就已经开始发火，所以他根本不敢看我的眼睛。"

　　在小范的家里，或许经常会出现这样的情景。妈妈从外面回来时，小范正在自己的房间里玩玩具。妈妈首先就会问，"作业写完了吗？不是让你写完作业再玩吗？"妈妈回到家，不是看着孩子的眼睛，微笑着打招呼，而是首先揪出孩子的一个错误。

　　对于这种状况下的妈妈，孩子自然是不敢正视她的眼睛的。孩子要赶快把玩具收拾好，免得招来妈妈更多的指责。而且，的确如妈妈所说，小范并没有做完作业，因为他还缺乏主动完成作业的理智。这样一来就会变成，孩子虽然并不情愿，但因为害怕妈妈，必须照妈妈说的去做。如果这种矛盾状况反复出现，孩子就会慢慢地进入行为与想法分离的状态。

那么，小范妈妈为什么一上来就问"作业写完了吗"？从结论分析，还是缘于她的自卑感。无论是多么有礼貌，多么有责任感的人，如果想把这些品德也强加到孩子身上的话，就必定会成为自卑的父母。因为这类父母已经被自卑感所控制，根本意识不到孩子还没有完全成熟长大。

"您的父母是怎样的人呢？"

与那些问题孩子的父母进行交流时，这是我必问的一个问题。小范妈妈的父母，是典型的上一辈父母形象，家境艰难，辛辛苦苦拉扯八个子女长大成人。小范妈妈是这八个子女中最大的，从很小的时候开始，她就必须努力为弟弟妹妹们做出表率。父母也把许多压力，推到了家中长女小范妈妈身上。这样的童年必然经历了无数的风风雨雨。

其实，小范妈妈也是一位"受害者"。从小得不到父母的肯定，成年以后又把这种伤害施加到自己孩子身上。每次看着小范的时候，妈妈都会回想起自己的童年。她就不断地要求孩子，"你要做得更好""你必须完美"。所以，小范的一些出于孩童天性的行为，在妈妈眼里也都成了严重的问题。

其实，用统治和强制的方式，让孩子变得完美，这种想法和做法本身就是最大的问题。

父母应该做什么

1. 孩子的问题从父母自身找原因

　　首先必须明白，孩子注意力分散，是从父母的自卑感开始的。不要总想着通过孩子找回自己没有得到认可的童年时代。

2. 看着孩子的眼睛说话

　　指责孩子的错误之前，要先看着孩子的眼睛，尝试与孩子展开有效沟通。

3. 接纳孩子

　　接受孩子的不足，帮助孩子按照他（她）自己的方式成长。

4. 父母的言行要保持一贯性

　　对待孩子的态度总是变化无常，会让孩子无法集中注意力。在家庭生活中，父母的语言、情感、行为，都应该保持一

贯性。父母不要随着心情的变化，改变对孩子的态度。最糟糕
的教育，就是前后不一的教育。

思考

● 在夫妻之间的交流中，是否出现过双重标准或者不合理
的情况？

● 斥责孩子的错误，或者称赞孩子时，自己的语气和态度
是怎样的？孩子的反应又是怎样的？

孩子的暴力倾向，其实是对父母
语言暴力的一种反抗。

04 有暴力倾向的孩子

　　初中二年级的京植，是从上中学开始才突然变得非常叛逆的。父母起初认为，孩子是因为青春期的缘故才会这样，所以也没太在意。后来孩子的行为越来越过分，甚至到了让人无法容忍的地步，父母这才觉得，有必要去听听专家的意见。

　　每次父母批评京植时，他从来都不会顺从地接受，总是立刻大发脾气，拼命反驳。有时候，因为火气无处发泄，他还会随手拿起一本书撕个粉碎。甚至还有一次，京植把摔碎的杯子放在手腕上，威胁父母要自杀。

　　另外，京植在学校里也常和其他同学发生冲突，因此父母常接到被打孩子家长的质问电话。

"上小学的时候，他是个很乖的孩子，非常听话。"

"作为妈妈，您觉得京植为什么会变成现在这样呢？"

"难道是因为交了坏朋友？"

当孩子身上发生了一些不好的变化时，大多数父母会认为孩子是受了坏朋友的影响。但是，从心理学角度看，短时间内结交的朋友，其影响力不会改变人固有的本性。其实，对未成年孩子影响最大的，不是别人，正是孩子的父母。

"你们在家里有没有打过孩子？"

"男孩子嘛，不打怎么长大？不过，跟别的父母比起来，我们也只是拍打几下，从来没有打得很重。"

京植妈妈的话应该是事实。实际上，那些真对孩子使用严重暴力的父母，大多不会主动寻求专家的帮助。经过交谈，我发现，京植妈妈虽然没有很重地打过孩子，但是对孩子行使过语言暴力。语言暴力造成的后果或许要比直接殴打更加严重。

从小时候开始，妈妈就经常事无巨细，对京植唠叨个不停。随着孩子越来越大，唠叨里开始掺杂进一些脏话。情况严重时，甚至会动手，当然，如妈妈自己所说，打孩子的程度并不是特别严重。

一般来说，有暴力倾向的孩子身上都有这样几个特点。上小学时，对父母大喊大叫，或者发脾气，乱扔东西。随着年龄的增长，发作的程度也会越来越重：喊叫、在地板上打滚、

母爱无边 养育有度
给孩子一个不卑不亢不纠结的人生

逃跑。有客人来的时候，孩子就会变本加厉，因为他（她）知道，家里有客人的时候，父母碍于面子，不会做出平时那样的激烈反应。

随着年龄的增长，这些孩子的暴力倾向会越来越严重，甚至发展到对妈妈或者兄弟姐妹使用暴力。威胁比自己弱的弟弟妹妹，或者威胁心理脆弱的妈妈，这是因为有两种欲求在同时发生作用。一种是想让父母对自己失望，而另一种则是希望引起父母的关注。

总是因为一些很小的事情大发雷霆，或是出现过激的行为，对一些无关紧要的事情执拗、坚持……当孩子出现这些情况时，最好尽快去咨询专家，寻求解决的办法。

如果父母总想庇护孩子，而不是尽量把孩子的行为纠正过来，只能让孩子的问题行为变得越来越严重。

对于有暴力倾向的孩子，父母在早期时采取的应对方式是非常重要的。父母不能封闭自己，而应该积极寻求专家的帮助。另外，在接受专家咨询时，父母必须一起参与进来。

唠叨并不是沟通

"唠叨算什么暴力？那不就是说话嘛，而且还都是好话。"

唠叨，的确属于一种暴力，因为其中包含了指责、质问等一些不良情绪。这些情绪如同在被唠叨人内心插了一把把匕首，会留下道道伤痕。

从一出生就经常听到父母唠叨的孩子，对于父母要求的事，十件有八九件会服从。因为孩子顺从，父母想当然地觉得唠叨是有效果的，并且以后继续这样做。

这实际上是一种误解。服从父母的第一次唠叨，是因为孩子认为父母的话是真诚的忠告，所以就会服从。而如果父母不断地重复这些话，就会变成是一种"唠叨"。当孩子开始把父母的话看做是唠叨时，父母的话对他（她）就失去作用了。

唠叨并不是沟通。孩子的沉默，更不是认知。最终，父母的唠叨会越来越多，而孩子听进去的也会越来越少。情况严重时，孩子听到别人说话时，也会像听父母说话那样，完全听不进去。有些孩子甚至在父母喊自己名字时，也装作听不见，因为孩子对父母的声音本能地采取了一种完全排斥的态度。问题发展到这个程度，就比较严重了。

妈妈平时对京植的唠叨，多达50种以上。从早上坐在餐桌前吃早饭开始，"你为什么不喝汤？吃饭的时候要细嚼慢咽。""为什么只吃炒章鱼？豆芽也要吃一点，这样可以更聪明。""对身体好的东西你都不爱吃。""不是说了让你喝汤吗？不要随便扒拉菜！"

因为无法踏踏实实地吃顿饭，孩子想起身离开，但唠叨并没有因此结束。

"怎么起来了？吃早饭怎么老是这个样子？早饭不吃

好，一天都没有力气，上课也没法好好听讲。这样，你的成绩能好吗？"

从吃饭的问题，延伸到上课的态度，乃至学习成绩。如果到这里就完了也还好，可是一直到京植出门，妈妈也没有忘记冲着他的背影继续喊一句。

"你怎么这么不听话？长大以后可怎么办呀？"

唠叨是语言暴力的开始

从不喝汤开始的唠叨，最终变成了对孩子未来的全面否定，这是京植妈妈的一次日常唠叨。唠叨，最初其实都是从一件很小的事开始的。"怎么不喝汤"是每一位妈妈都有可能说的一句话。如果把这句话变成"今天的汤味道怎么样"，情况或许就没那么糟糕了。

从"为什么不喝汤"开始的唠叨，最终变成了"长大以后怎么办"，如果京植在玄关那里停顿一下，或者回头望一眼妈妈，那么，多半还会跟着听到"这孩子，这孩子……"的抱怨。

一般来说，别人越是不听，唠叨的人就会越大声，最后很可能会从唠叨变成说脏话，甚至骂人。其实，这样做是没有任何意义的。

由骂人转化为身体暴力，只是转瞬间的事情。当唠叨转化成谩骂后，孩子哪怕只是对父母做出一点点消极反抗，马上就会招致暴力。父母认为，反正骂都骂了，打几下也没什么不行的。

导致暴力的过程大致都是这样的。父母并不是精神病患者，不可能在毫无来由的情况下，突然对孩子使用暴力。"罗马不是一天建成的"，暴力行为同样也是不良情绪日积月累才导致的。

看着爸爸打妈妈长大的孩子

行使身体暴力时，家里的受害者绝不只是被打的这一个人。孩子自己被打虽然很痛苦，但是如果看到爸爸打妈妈，对孩子来说，更是可怕的折磨。

小的时候，孩子会觉得妈妈很可怜，并恨爸爸。到了小学高年级以后，孩子会偶尔介入到父母的争吵中，但这样往往会招致更严重的后果。

在这种情况下，孩子的感受就是"我很没用"。看着妈妈受苦，自己却什么也做不了，孩子就会感到深深的自责。并且这种感情，会对孩子日后的生活产生重大影响。

上中学以后，孩子对父母的反抗就会越来越多。这时候，孩子对爸爸的憎恶之情也会达到最高潮，同时他（她）还会产生强烈的报复心理。对使用暴力的其他成年男子，孩子都会产生一种莫名的愤怒。

最可怕的是，孩子在怀有仇恨的同时，还会"领悟"到一种错误的观念：男人必须通过暴力方式来统治女人。这样一来，对于暴力，孩子会同时怀有两种不同的感情——憎恶和向往。

有几年的时间，京植一直是在妈妈的唠叨声中度过的。前面曾经说过，唠叨是一种语言的暴力。持续受到语言暴力伤害的孩子，会表现出与遭受身体暴力孩子类似的反应。在暴力环境中长大的人，虽然表面看上去文雅、谦和，但只要遇到合适的契机，很容易像火山爆发一样，突然表现出强烈的暴力倾向。

京植的暴力倾向，其实就是经过日积月累的压抑后，对妈妈语言暴力的一种反抗。不过，从某种意义上说，现在爆发也并非一件坏事。如果继续压抑下去，以后可能会爆发出更强的"能量"。

自卑感引发语言暴力

使用暴力的人，内心其实充满了自卑感。如果不给对方留下某种伤害，就认为自己输了，这种心理本身就是源于自卑感。

爱唠叨的父母，大多数都存在一些缺陷，并且把对自己的不满附加在孩子身上，不停地唠叨。父母唠叨的潜台词其实是，"我是这样，你怎么会那个样子。我之所以这么做，还不都是为了你"。

　　唠叨的话多，意味着要求或期待多。当不喝汤成为问题以后，慢慢地，不好好吃饭、挑食，也都会成为问题。

　　意识到唠叨不会对孩子的行为有任何帮助，父母一般会停止唠叨。然后，就会很自然地想到，"原来这样并没有什么用处，需要想一些其他的方法。"

　　可是，充满自卑感的父母不这样认为。当唠叨对孩子的行为不起作用时，他们不会认识到是叨唠这种方式本身有问题，而是认为唠叨的程度还不够。在这种想法的基础上，父母的自卑感也会在无形中传递给孩子。

　　还有一种情况，那就是，爱唠叨的父母可能并不是真的想改变现状。

　　比如说，孩子的房间很乱，父母会不停地念叨，让孩子去整理房间。乍一看，父母的目标似乎是要孩子把房间整理干净，但实际上并不是那样的。如果父母真的是想把房间收拾干净，那么他们应该这样对孩子说："我们一起来打扫房间吧！"

　　其实父母比任何人都更了解自己的孩子。明知孩子不想收拾房间，还不停地唠叨，就是因为他们的目的不在于"把房间打扫干净"，而是想"指责孩子"。

　　从唠叨变成斥责，到最后的体罚，这些对于改善孩子的行为都不会有任何帮助。我个人认为，体罚，对教育孩子来说，是没有任何作用的。那些真正想改变孩子状况的父母，在选择唠叨、谩骂和体罚之前，会先想出其他的方法。唠叨、谩骂和体罚，既无法表达对孩子的爱，对孩子也没有教育意义，只能传达出父母自身的自卑感。

那些让哭泣的孩子站在门外，把纠缠的孩子拉到角落的父母，最后很可能会造成孩子真正离家出走的后果。孩子自己并不会产生离开家的想法，这些都是从父母那里学来的。

经常听到"真不想要你这样的孩子，快走开"这种语言暴力的孩子，真的会照父母说的去做。很多孩子离家出走，原因都是因为受不了父母长时间的语言暴力。

爱唠叨的父母，大多也是在爱唠叨的父母身边长大的。前面曾经说过，挨过打的人，也会学会打人。在父母的唠叨声中度过二十多年的人，也一定会对自己的孩子使用相同的语言暴力。很多东西都是可以世代相传的，其中最严重的一个，就是暴力倾向。

父母应该做什么

1. 生气时抱抱孩子吧

　　孩子犯了很大的错，父母很生气，这时候，抱抱孩子吧。抱住孩子的时候，是不可能对孩子使用任何语言或身体暴力的。如果发生了需要训斥孩子的事情，可以在说话的时候适当保持一些距离。在正好碰不到孩子的距离，把手插进口袋里。适当地对自己的行为加以制约，对防止发生体罚会有一定帮助，这是一个不错的方法。

2. 给孩子时间

　　问题行为，孩子是不能经过一次纠正就改掉的。因此，不要总想趁某一次机会来纠正孩子的习惯。现在的孩子，打骂不会让他们有任何改进。不妨给孩子一些时间，让孩子慢慢去改变。

3. 必须要明白，唠叨其实只是发泄

　　不要总是自欺欺人，认为自己做的一切都是为了孩子。必

须要记住，令人厌烦的唠叨，是严重侵害孩子权利，剥夺孩子自律性的行为。

4. 说话要慢半拍

说出的话是无法收回的。因此，在说话之前，必须要经过慎重考虑。

5. 父母必须要面对自己的伤口

就算童年时代曾经被爸爸体罚，被妈妈唠叨，也不要在"教育"自己的孩子时把这些情景再现出来，一定要努力走出过去的阴影。

6. 在夫妻关系中，必须消除靠语言占上风的状态

要掩盖自己的无能和自卑感，表现出优越感和自信心，就必须要有现实环境的支持。否则的话，能够夸耀自己的唯一方法，就是"语言"。

7. 掌握孩子的行为状态

孩子的行为可以分为"回避—小心—正常—略微过激—行为修正—隔离"这几种状态。有暴力倾向的孩子，会从开始的"略微过激"逐步发展为"行为修正"。所以，必须要了解孩

子的行为目前属于哪个阶段。如果已经到了"行为修正"阶段，就需要专家的帮助了。

思考

● 父母平时交谈的时候，谁的声音更大？

● 父母（或父母中的一人）是否会突然尖叫，或者不停地唠叨？

● 父母一周出现几次喊叫和辱骂？

● 父母大喊大叫的时候，孩子有什么反应？

● 父母唠叨的时候，孩子有什么反应？

● 孩子也像父母那样喊叫吗？

● 当孩子对父母大喊大叫时，父母一般怎样对待？

那些离开妈妈什么也做不了的孩子背后，一定有离开孩子同样什么也做不了的妈妈。

05 离不开妈妈的孩子

　　我有两位认识时间很长的朋友，他们是一对夫妻。这对夫妻有一个独生子，孩子从小就是大家公认的模范生，而且个子高，相貌俊秀。

　　在孩子成长的过程中，我经常听这对夫妻说，"我们的孩子从来没让我们操过心"。不知不觉，孩子已从名牌大学毕业，还找到了一份人人羡慕的工作，连结婚请柬都放到了我的办公桌上。

　　可是，参加婚礼的时候，我发现了一件很奇怪的事情。新郎这边几乎没来几个朋友。按说，二十多岁的年纪，正是交朋友最热烈的时候，竟然没有几个朋友来参加婚礼。拍照的时候，身边簇拥着的多是新娘子的一群女性朋友。

婚礼之后没过几个月，我就听到了这对新婚夫妇离婚的消息。婚后3个月，小两口搬出去独立生活，结果很快就签署了离婚协议。听到这个消息，我首先想到的就是婚礼那天，新郎身边寥寥无几的朋友。我突然觉得，朋友的儿子或许存在着一些问题。又过了几个月，我见到了这位年轻的离婚当事人。他是来找我做心理咨询的，这让我有机会可以了解他们离婚的真正原因，以及以前不知道的一些家庭内幕。

他告诉我，离婚的原因是"婆媳关系不好"。但是，一般的婆媳矛盾，是不会导致离婚这种极端结果的。其实，真正让妻子决定离婚的人并不是婆婆，而是丈夫。多数情况是，就算问题是从婆婆那里开始的，但最终导致离婚的原因，是妻子无法从丈夫那里看到希望，因为无奈才决定离婚的。这对年轻夫妻的情况也是一样。虽然这位新郎自己说，问题的核心是婆媳矛盾，但实际上更大的问题是，新郎是一位典型的"乖乖男"。

即使是很小的事情，这位新郎也必须先询问妈妈的意见，得到允许后才去做。孩子结婚后，妈妈也没有让他在精神上获得独立，而是不断地干涉和介入孩子的生活。虽然是年轻夫妻两人独立生活，却有三颗心在指挥生活。最后，妻子终于提出离婚，她对丈夫说：如果你凡事都要听妈妈的，那就回到她身边好了。而在离婚协议上盖章时，男方竟然也是由妈妈带着印章去办理的。

在适当的阶段就要去掉"父母夹板"

很多父母都会自豪地说，"我的孩子从来没做过让我操心的事"。而对于他们的这种自豪，其实我并不以为然。在这种自豪中，隐藏着的或许是没有父母许可就无所适从，过分依赖的孩子。

而且，那些"不让人操心"的孩子父母中，愿意干涉和支配孩子的人不在少数。

有些父母整天跟在孩子的身后，指挥孩子做这做那，甚至会通过"只能吃两个水果，记得喝水，喝完水后要洗手……"的方式，掌控孩子的所有行动。在这类父母身边长大的孩子，无法按照自己的意志决定任何事情，当然也就无法形成足够的自尊和独立。但是，在父母的眼中，他们是乖巧、听话的"好孩子"。实际上，这样的孩子缺乏责任感和独立性，严重者甚至会完全失去独立人格。

自尊，是人的一种重要品格，它是需要从小开始，逐渐学习、积累自律性和主导性而产生的。那么，应该由谁来教给孩子这种自律性和主导性呢？当然是孩子的父母。其实，父母只要简单地说一句，"你自己试试看"，孩子就会在尝试的过程中学到自律性和对事物的主导性。但是，如果每次都说："这个你还不行，让妈妈替你做吧"，孩子就会失去学习自律性和主导性的机会。

在西方，孩子一般在10岁以后，就要自己去挣零用钱了。他们可以自己决定考哪所大学，以及怎样度过自己的人生。到了20岁，孩子会很自然地离开父母，开始过独立的人生。

可是，在国内这几乎是不可能的。即便结了婚，表面上看孩子似乎是独立了，实际上他（她）并不是完全独立的。结婚的筹备过程也是在父母的帮助下进行的，这就在经济上与父母结下了紧密的依存关系。在日后的生活中，就如同前面介绍的那位新郎一样，年轻夫妻家里的一些重要事情，也都要由父母来决定。

结婚尚且如此，那么让孩子在20岁之前自己挣学费，自己选择今后的人生道路，更是无法想象的事情。在国内，甚至上哪家补习班，接受哪些课外辅导，全都要由父母来做出决定。

很多父母可能会辩解说，因为孩子无法做出决定，所以只能帮助他（她）做决定。可是，冷静想一想，孩子无法做出决定，是因为他（她）从来没有自己做过决定。每当做决定的机会到来时，父母就先把它剥夺走了。

有些父母甚至错误地认为，父母有责任决定与孩子有关的一切，这种"责任"甚至应该持续到孩子大学毕业。

每个人在生活中都需要"环境支持"。所谓环境支持，就如同帮助树木更好生长的夹板一样。在夹板的扶持下，弱小的树木才能经得起风雨，牢牢地扎根于泥土。但是，随着树木的生长，对这些夹板要随时进行调整，等到树木完全扎根以后，就不再需要夹板了。

从小学一直到初中，父母都必须要担负起类似夹板的作用。当孩子上高中以后，就可以去掉"父母夹板"了。因为从高中阶段开始，老师和朋友会代替父母，来发挥"夹板"的作用。

上大学以后，老师的夹板作用也会消失，而只剩下"朋友夹板"。到结婚以后，伴侣是人生路上的最后夹板，彼此扶持，一同前行。

在人生的不同阶段，需要不同的夹板，度过一个阶段以后，这个阶段的夹板就应该被拿掉。只有这样，一个人才能实现自己的人生价值。可是，即使进入大学甚至是结婚以后，父母这个"夹板"仍然没有被拿掉，并持续发挥着作用，孩子的人生，必然无法顺利地进行下去。

举个例子，伞兵着地以后，如果不迅速脱离降落伞，反而会有危险。同样，在父母和子女的关系中，如果父母总是不肯放手，也会给孩子带来危害。这样的孩子总也不会长大，无法独立支撑起属于自己的家庭。

可很多父母依然做不到在该放手的时候对孩子放手，如果问他们为什么舍不得拆掉夹板，脱离降落伞，十人有十人会这样回答："孩子没有我不行。"

那些担心没有自己孩子什么也做不了的父母，内心其实隐藏着私心，他们希望孩子永远顺从自己。

在餐厅点餐也能培养孩子的自律性

在国外，有一次去餐厅，我关注了来用餐的一个家庭。爸爸妈妈一边让孩子们看菜单，一边问他们"想吃什么"，并让孩子们自己选择。可是在国内，一般都是父母看菜单，然后说，"你吃这个吧"。这样为孩子做出决定，干脆就直接切断了孩子自主选择的机会。

当然，国内也有父母会让孩子自己点菜。在西方，如果孩子挑选的菜肴不合口味，父母会说，"这个不太好吃，但是你已经点了，就要把它吃完"。在国内，几乎不会有父母这样做。如果孩子点的菜不好吃，妈妈会无条件地来承担责任："爸爸妈妈吃这个，你吃妈妈这份吧。"

父母当然都疼爱自己的孩子，但是一味地宠爱无疑是害了孩子。在为孩子吃掉他（她）不喜欢的菜那一刻，孩子所感受和学习到的，是"就算自己做了错误的选择，也会有父母来为自己承担后果"。点菜虽然不是什么大事，但这些小事积累起来，就会慢慢影响孩子责任感的建立。如果你不想成为总是要为孩子收拾残局的父母，那就要教孩子从小学会承担责任。

遗憾的是，有很多父母没有认识到这一点。当孩子拿过菜单的时候，他们会劈手夺回去，然后扔下一句：
"你看这个干什么！"

这种带有双重性的感情，其实就是自卑感的表现。嘴上说是为了孩子，其实是父母自己离不开孩子，总想依赖孩子。这种类型的父母总是担心孩子长大后会离开自己，因此总是千方百计地想把孩子拴在身边，不让他（她）独立。

父母的过度控制让孩子无法独立

结婚不到3个月就离婚的这位新郎，情况就是这样。他之所以会成长为这种极端的"乖乖男"，原因就在于他的父母。

在我这位朋友人人羡慕不已的家庭里，其实存在着很多问题。白手起家的丈夫藏起存折，不让妻子染指家里的经济大权。这种情况下，夫妻关系肯定不会好。因为得不到丈夫的肯定和尊重，倍感失望的妻子，从儿子一出生，就把自己的全部人生都转移到了儿子身上。

新郎告诉我，一直到上高中以后，他与朋友们的每次约会都要向妈妈报告，只有在得到允许后才能去，如果不能赴约，也由妈妈来代替他给朋友打电话。这样形成的朋友关系，自然是越来越糟。

由于无法从丈夫那里得到爱和肯定，妻子希望从儿子身上得到弥补，就总是把儿子牢牢抓在手上。日后子女想要找回自尊，尝试独立的时候，这种类型的妈妈也不会给予肯定和支持。

而这个儿子，因为过分服从妈妈，连想要独立的意识都没有，这才是导致离婚这种极端情况发生的原因。在"乖乖男（女）"中，也有一部分人在结婚之后，能够意识到扶持自己的"夹板"不应该再是妈妈，而应该是妻子（丈夫）。

面对就算要经历与妈妈决裂的痛苦，也决心要拿掉"妈妈夹板"的孩子，有些妈妈始终不肯放手，有时甚至会做出自杀的过激行为。

之所以会选择自杀，是因为这些妈妈认为，如果没有孩子，自己的人生也就失去了意义。对这样的妈妈来说，孩子是她的一切，是她的精神支柱。这样的妈妈，无论在社会上多么成功，即便拥有财富和名誉，如果无法和已经成年的子女保持正常距离，那么她的人生，终究是充满自卑感的人生。

父母应该做什么

1. 检查夫妻关系是否健康

　　夫妻之间的关系，是相互回避、相互抗拒，还是相互依靠，这会影响到孩子。孩子日后在处理与他人的关系时，也会选择与父母类似的方式。

2. 不要让自卑感影响孩子

　　在那些离开妈妈什么也做不了的孩子背后，一定有离开孩子同样什么也做不了的妈妈。

3. 努力找回自己的人生

　　那些因为得不到丈夫的支持，把全部希望都寄托在孩子身上的妈妈，必须要努力找回自己的人生。因为与丈夫关系恶化而完全依赖孩子的妈妈，应该努力去恢复夫妻关系。

4. 平等的夫妻关系是孩子幸福的基础

如果希望孩子的人生幸福，就要做一对平等的夫妻。在平等的夫妻身边长大的孩子，很自然地就能学到自尊，以及正确处理人与人之间的关系。

思考

- 在夫妻关系中，谁会采取回避态度？谁会依赖夫妻关系？谁会抗拒夫妻关系？

- 孩子能独立把事情做好吗？

- 孩子更依赖妈妈，还是更依赖爸爸？

06 无法控制情绪的多动症孩子

"我们一直都尽量给孩子自由。可现在，他变得很没礼貌，而且爱发脾气。高兴的时候忘乎所以，不高兴的时候，躺在地板上又是打滚又是哭闹。"

最近，因为孩子多动症来咨询的父母有所增加。多动症，即过度行为障碍，从表面看与注意力分散类似，但实际上两者是两个完全不同的问题。注意力分散是无法把注意力集中在一件事上，多动症则是无法控制自己的情绪，表现出过度的行为。注意力分散的孩子，可以适当控制自己的行为，而有多动症的孩子，则很难控制自己的行为。

有一个有趣的现象，前来咨询的父母几乎众口一词，认为孩子出现多动症，是因为"家里的气氛太自由"。

乍一想似乎是这样，越是自由的家庭培养出的孩子，其行为就会越自由，孩子因此也容易出现多动症。但是，准确地说，自由的家庭氛围与孩子的过度行为完全没有关系，反而是在严格的家庭环境里成长的孩子，更容易出现多动症。

父母的情感表达方式决定孩子的行为方式

孩子的表现并不是父母要求的严格或宽松决定的，重要的是，父母是否能够坦诚地对待孩子。

那么，孩子的这种过度行为是怎么形成的呢？举一个例子，孩子调皮，不小心把妈妈最喜欢的香水打碎了，妈妈当然非常生气，而孩子也立刻意识到了自己的错误，满脸通红。此时如果妈妈对孩子说，"玩儿的时候，出现这种情况也很正常"，孩子会立刻放松下来。但是，如果妈妈嘴上说没关系，可实际上继续训斥孩子，甚至表现得非常神经质，情况又会怎么样呢？妈妈虽然不再针对香水说什么，不过看到乱放的玩具，突然发脾气，孩子会有什么感受呢？刚才那个玩具就是那样放的，并没有什么问题，可现在同样摆放的玩具，却成了妈妈发火的导火索。

这样的父母为数不少。他们并不坦率地对孩子说出生气的原因，而是在其他事情上找茬发脾气。很显然，这是父母调解情绪不当而导致的问题。真实的情况是，妈妈虽然想不发火，也说了"没关系"，在情绪上却抑制不住怒火，最后就在其他事情上将怒火发泄出来。

关键问题是，父母的这种行为会对孩子产生极大的影响。如果一开始就坦诚地对孩子说："你打碎了香水，妈妈真的很生气"，那么无论接下来发生什么情况，孩子都是可以理解和接受的，因为孩子明白妈妈为什么发脾气。

可是，如果妈妈说了"没关系"却又找茬发脾气，只会让孩子感到手足无措。如果经常出现这种情况，孩子必定会学到一种错误的情感表达方式。

这种没有一贯性的情感表达，即使在妈妈心情好的状态下，也一样会对孩子造成伤害。比如，当孩子说："妈妈，我作业都写完了，玩一个小时游戏行吗？"假如妈妈那天心情特别好，没有像平常那样表示不同意，而是愉快地答应"好吧"，就会给孩子造成一种混乱。因为就在前一天，孩子提出相同问题时，妈妈不仅不同意，甚至还把孩子数落了一顿。

如果父母的态度与行为总是随着心情的不同而发生变化，慢慢地，孩子就学会看父母的脸色行事。孩子会观察父母什么时候高兴，什么时候不高兴，然后再决定采取什么样的行动。

来咨询的妈妈中，经常有人这样向我倾诉，多动症孩子的行为越来越出格，甚至偷拿爸爸的钱包。可是，从妈妈的描述中我了解到，每次爸爸喝醉后，或心情大好的时候，都会给孩子钱。爸爸甚至会在醉酒状态下对孩子说："自己去爸爸钱包里拿钱吧"。

因为爸爸曾经这样说过，孩子就会想当然地认为，自己动爸爸的钱包，不算什么问题。孩子真的会无缘由地在某一天早晨，突然变成偷拿大人钱包的坏孩子吗？其实，让孩子变成"小偷"的，恰恰是父母前后不一、没有一贯性的行为。

有多动症的孩子，大部分都很固执。在商店里，如果妈妈不给买喜欢的玩具，就躺在地上哭闹不止。其实，造成孩子这种行为的责任人，依然是他（她）的父母。孩子哭闹要赖，是因为他（她）知道，在家里父母绝对不答应的事情，在人来人往的商店里，父母是有可能答应的。孩子之所以有这种想法，是因为父母会随着地点和情况的不同，对孩子表现出双重态度。

学会了这种处事方式的孩子，上学以后也会和老师或同学做这样的"交易"。看到老师心情好，就调皮一些，看到老师心情不好，就规矩一些。到了成年进入职场后，这些孩子很可能会"看人下菜碟"，利用比自己弱的人，顺从比自己强的人。

极端情绪化的父母导致孩子的过度行为

在进行咨询的时候，我偶尔会遇到极端情绪化的孩子父母。当听到爱听的话，或者一些有趣的内容时，他们会拍手叫好，可当被指出问题时，又会突然发脾气。还有的人会在被指出问题时突然泪流满面，表现出一副手足无措的样子。严重时，有的父母甚至会在我面前上演一出"独角戏"。

从咨询者的角度来说，爱憎分明、情绪变化强烈的人，只是会让人有些难堪。但是作为孩子父母来说，行为极端情绪化则是危险的。因为，在情绪起伏强烈的父母身边长大的孩子，会感到极度混乱和不安。

在为这类孩子父母进行咨询时，我发现他们大多也是在同种类型的父母身边长大的。他们的童年，也是一回到家就看到父母在互相厮打，或者互不理睬；当有邻居来访的时候，父母又立刻露出笑容，好像变了一个人。

在韩国，现在30岁以上年龄的人，他们的父辈大多经历过动荡与饥饿。那时候，所有的人每天都要为生计而奔波，于是，很多人往往把一天积累下来的不良情绪发泄到孩子身上。现在的孩子父母，恐怕没有哪个小时候没有挨过打。

当然，现在的父母不会再像以前那样打骂孩子了。不过，现在的父母仍然无法克服把自己的情绪波动转嫁到孩子身上的问题。大部分父母曾经在孩子面前争吵，并在孩子面前大发雷霆，甚至失声痛哭。而且，随着心情的不同，同一件事情，父母有时会大光其火，有时又不以为然。

谎言与双重人格，都属于自卑感的表现。孩子会由于父母的不坦率持续受到伤害，最终陷入混乱。他（她）会不知道该如何对待他人，针对一件事该采取哪种行动。另外，父母的说谎行为，也会直接传递给孩子，孩子会通过过度行为来掩饰他（她）认为不好的东西，而不是坦然地表达出内心的真实感受。

父母应该做什么

1. 检查夫妻之间的情感表达方式

夫妻双方互相检查一下：在日常生活中，是丈夫向妻子表达情感更多，还是妻子向丈夫表达情感更多？隐藏感情的一方要认真思考一下，为什么要隐藏，该如何表达？如果感情对行动产生制约，该怎么做？客观地检查一下夫妻双方的情感表达方式。

2. 检查与孩子之间的情感表达方式

通常，如果夫妻之间不能顺畅地互相表达情感，那么他们与孩子的关系也会如此。如果是这样，把对待孩子的感情起伏变化客观地写下来。比如，是否会出现这种情况，早晨心情好，温柔地对孩子说："好好上学，回来给零花钱。"可到了晚上，心情变糟，就处处对孩子找茬。

3. 检查表达情感的语言方式

夫妻之间或父母和孩子之间表达感情时，是肯定性语言多，还是否定性语言多？

夫妻之间

● 肯定语言：你真漂亮，我爱你，做得好。

● 否定语言：去死，不许进来，吃货，滚，太可怕了。

父母和孩子之间

● 肯定语言：你真漂亮，做得好，你很乖，你很帅。

● 否定语言：笨蛋，没用的东西，傻瓜，废物。

4. 言行要保持一贯性

孩子对社会的认识是从家庭开始的。不要忘记，父母是孩子的镜子。在孩子面前，请避免言行过于情绪化。

5. 坦率地面对孩子

好的时候说不好，不好的时候说好，这是首先要改正的一种做法。即使只是针对一件小事，与其隐藏或歪曲感情，还不如坦率地说出自己的想法。这样，孩子才能够学会坦然表达情感。

思考

● 在孩子面前，父母的言行什么时候发生了变化？

● 父母的言行会因为什么而发生变化？

● 与自己真实的情感相比，是否更在意别人的看法？

● 孩子能准确区分真话和谎言吗？

孩子的自卑感是父母播种的

在第一章中，我们了解了隐藏在孩子问题行为背后的是父母的自卑感。在第二章中我们将介绍，人的性格是怎样形成的，在性格形成过程中又是如何产生自卑感的，以及自卑感会对人生有何种影响。

此外，我们还将详细介绍，父母的性格是如何对孩子的性格和自卑感的形成产生影响的。在孩子幼儿期，父母的教育态度对孩子的性格形成，有极其重大的影响。在这个阶段，如果对孩子过度保护，或者过度放任，都会让孩子形成致命的自卑感，并影响孩子一生。

在本章中，我们还会介绍父母应该采取怎样的教育态度。希望可以帮助各位孩子家长，了解父母应该承担的职责和对待孩子的正确态度。

改变性格类似于矫正牙齿，越早开始越好。

01

父母的关心会对孩子性格产生重大影响

"他性格很好。"

"她好像有点怪。"

"他很难相处。"

每天，我们可能都会听到几十次关于他人性格的评论。关于性格，有很多种评价方式，有时是"好"或"坏"，有时是"正常"或"奇怪"，有时是"大方"或"小气"。有人因为讨厌自己的性格，总是努力掩饰；有人认可自己的性格，并积极地接受。

性格会在人际关系中发挥巨大的力量。在评价一个人时，性格也常常是最重要的指标之一。人们对于性格的关注，本质上是出于"想要深入理解自己和身边人"的欲望。了解了某人的性格，就能预测出其行为，还能将其引导到需要的方向上。

一般来说，性格可有两个定义。第一个定义，是个人在适应环境的过程中，一贯表现出的"个人特有的行为以及思考方式"。

"性格"的英文表达是personality，这个词来源于希腊语中的persona，本意是古希腊戏剧中演员们使用的面具。演员的面具代表着演员所饰演的角色，也代表着这个角色在社会中的地位。

性格的第二个定义，就是带给别人的最清晰、最突出的"印象"。有的人会给人充满暴力的印象，有的人则会给人温顺的印象。一个人留给别人的印象中，最重要的就是性格。

因为性格存在极大的个体差异，所以很难找到性格特别相像的两个人。就如同每个人的体型和外貌都各不相同一样，每个人的性格也都各不相同。

学者们眼中的性格

- 人本主义心理学家卡尔·罗杰斯（Carl Rogers）：自我是所有体验的核心。

- 人格心理学家高尔顿·奥尔波特（Gordon Allport）：性格是一个人的真实模样，存于内部，可以指示和引领人的行为。

● 发展心理学家爱利克·埃里克森（Erik Erikson）：
人在一生中要面临几个阶段的心理社会危机，而性
格会决定其结果。

● 心理学家乔治·凯利（George Kelley）：性格是个人
通过自己的生活体验发现自我的一种独特方法。

● 精神分析学泰斗西格蒙德·弗洛伊德（Sigmund
Freud）：人格结构由本我、自我、超我三部分
组成。

四五岁是孩子性格形成的关键期

很多人都认为，性格是天生的，并且天生的性格是无法改变
的。其实，性格更趋向于后天形成。当然，性格中确有一部分是
来自父母的遗传，不过，更多的是在成长过程中后天形成的。

在奥地利心理学家阿尔弗雷德·阿德勒（1870—1937）的
性格发展理论中，孩子从降临到这个世界的那一刻开始，就在
父母的关注与疼爱中成长。父母的关心和照顾是孩子性格发展
中非常重要的元素。父母的关心和照顾方式，会决定孩子对自
我人生的态度，影响孩子与他人关系的形成。

比如，父母采取过度保护的态度，孩子就会认为自己非常

无能，一旦不在父母身边，就会遇到大麻烦。反复出现这种感觉，孩子的性格自然而然地就会变得非常被动。

阿德勒认为，儿童的性格是从四五岁开始，逐渐形成的。这个阶段的性格形成，与自我意识、行为模式、生活方式有关。这个形成过程，是非常有趣的。

根据阿德勒的理论，所有的人都是以一种不完整的状态来到这个世界的，也不可避免地都会有一些自卑感。为了弥补自卑感，就会树立生活目标，并在实现这个目标的过程中，产生自我意识和行为模式，再发展成为生活方式。

自卑感会对性格形成产生诸多影响。这些影响大多是在四五岁时就形成了，之后维持一生，不会再发生本质上的变化。

那么，"父母的关心和照顾"，或者说,"家庭成员之间的关系",会对孩子的性格发展产生哪些影响呢？

1. 父母的教育方法

这里所说的教育方法，包括父母和子女的关系，父母对子女表现出来的态度等。

平时经常称赞孩子，即使给孩子惩罚的时候，也会向孩子说明原因，在这类父母身边长大的孩子，大多有很强的自尊心和坚定的自我意识。相反，如果父母平时总是表现出否定和敌对的态度，那么孩子的性格也会趋于否定，并可能变得神经质。另外，过分严格的父母，很容易让孩子形成内向的性格。

2. 父母和子女的关系

父母的类型大致可以分为权威型、民主型和宽容型。

权威型的父母，不能很好地接受孩子的见解，甚至不允许孩子有任何独立的行为。

民主型的父母，无论孩子有什么问题，都可以和孩子一起讨论和商量，但最终决定的结果必须要获得父母的许可。与权威型父母相比，他们给了孩子一定的独立性，但是并没有给孩子完全的自主权。

宽容型父母，则是在大多数情况下，会让孩子自己独立做决定。

据统计，民主型父母的子女与宽容型父母的子女相比，会表现得更有自信，在自我控制方面也更加优秀。另外，民主型父母的子女非常认可父母的这种教育态度，并打算以父母为榜样。

乍一看，宽容型父母给孩子的似乎是完全的独立，应该是更好的，但结果并不是这样的。之所以如此，是因为父母的想法和子女的观点，存在一定差异。父母认为好的教育，与孩子们认可的教育之间，存在着明显差异。最重要的是，子女希望从父母那里获得充分的肯定，民主型父母就是在这一点上具有很大的优势。

3. 孩子与父母和兄弟姐妹之间的关系

阿德勒认为，人能够想起的最早记忆，是理解这个人基本生活方式的重要钥匙。特别是与父母及兄弟之间的关系，对于性格形成会产生极大的影响。这种关系形成过程中，涉及父母的年龄、职业及家庭氛围等诸多因素。

具体来说，这"诸多因素"就是指在兄弟姐妹中，爸爸妈妈更喜欢谁，跟谁最像，跟谁最亲近，小时候由谁照顾，等等。所有这些因素都会对孩子的性格形成产生重要影响。

出生时的顺序与性格的关系

- **老大**：出生以后，有一段时间，享受到的是父母的全部关心和疼爱。在家中第二个孩子出生后，因为弟弟（妹妹）抢走了父母的关心，老大会因此感到心灵受创。由于强烈希望通过与弟弟（妹妹）的竞争，重新获得父母的爱，老大常常在许多方面想要做出表率。但是，明白这种努力难以把父母的关怀从弟弟（妹妹）那里转移回来以后，老大会逐渐变得坦然起来，并开始学习独立生存的方法。结果就是，老大通常与他人保持良好的关系，并勇于承担社会责任。

- **老二**：从一出生开始，自己前面就有了一个"竞争对手"，所以，老二本能地会为了超越而努力。或许也是因为这个原因，大多数老二，无论是说话，还是走路，都要比老大早。而且，大部分老二，都有强烈的竞争欲望，他们固执己见，不愿输给别人，充满雄心壮志。

- **中间**：这些孩子，大多选择与哥哥姐姐相反的方向，他们更独立，也更叛逆。他们强烈地希望从父母那里获得对自己的肯定，甚至会因此产生一种被哥哥和弟弟排斥的感觉，因而中间的孩子往往有一些冤枉和不平的情绪。所以，他们很容易成长为自私的孩子，也会更早地找到属于自己的道路，并采取积极的行动。

- **老小**：这些孩子大多是在最安全的保护网下长大的。他们感受到的是全家人的关爱，不过，也经常要"捡"哥哥姐姐用过的东西用。而且，由于哥哥姐姐包围着，老小也容易产生自卑感。通常，老小与妈妈的关系是最密切的，所以老小也最有可能变成"乖乖男（女）"。另外，与哥哥姐姐们相比，老小具有更强的创造性，如果能充分发挥这个优势，会展开一段独立的人生。但是，老小也有可能会发展成一遇到失败就只会依靠父母的孩子。另外，因为老小独占父母关爱的时间是最长的，所以他（她）会存在严重的分离不安情绪，很有可能会发展成自私的性格。

● **独生子女**：独生子会表现出与老大类似的性格特征，也很可能会发展成彻底的自私性格。

4. 家庭星座与性格的关系

阿德勒还提到了"家庭星座"对性格形成的重要性。所谓家庭星座，是在描述家庭的社会心理形态时使用的用语，家庭成员的性格类型、情绪变化、年龄差异、出生顺序、相互支配及服从关系、家庭的大小等，都是决定家庭星座的元素。通过考察家庭星座，可以了解家庭成员中某个人的行为类型。

性格校正越早开始越好

大部分人真正了解自己的性格都是成年以后的事了。虽然童年时期的经历是性格形成的基础，但实际上，一直到成年以后，性格仍然处于发展的过程中。因此，在成年之前，任何人都很难有把握地说出，"我就是这种性格"。

只有成年之后审视自己的性格，再通过别人的嘴，听到"你是这种性格的人"，人们才能够客观地掌握自己的性格。能有好性格固然不错，但是，就算形成了一种自己不喜欢的性格，也未必就是件坏事。

一直梦想拥有爽朗、直率的性格，可长大以后发现自己的性格是沉默、内向的，该怎么办呢？如果再因为这种性格，导致社会生活不顺利，人际关系不和谐，甚至整个人生都因此而变得不幸，又该怎么办呢？

具有否定性格，甚至是性格有些异常的人，在现代社会中，确实很难与他人缔结良好的关系，获得幸福的生活。

这种性格的人，无法与他人进行深入交往，也很难融入任何团队或组织。如果有人对他（她）敞开心扉，这种人也会投以怀疑和焦虑的目光，甚至还会歪曲或误解对方的好意。

具有否定性格的人会完全以自我为中心，充满防御性，并隐藏内心的真实想法，不愿意表露自己，但又想要了解对方的一切。他们不愿意信任周围的人，也就很难形成新的关系。有时候，这种人只是通过几次见面，就轻易地判断对方的情况，然后转身离去。

如果并不是自己先转身，而大多都是对方首先发现了自己的性格问题，然后转身离开，一旦经常遇到这种情况，那往往就不会再期待与别人的关系良好了，甚至会放弃对家庭的感情。

因为性格而承受痛苦的人们，无一例外地都有这样的疑问："性格可以改变吗？"如果像给面部做整容手术一样，也能给性格"整容"，相信很多人都愿意尝试。

答案是，这当然是完全可能的。不过，改变性格类似于矫正牙齿，越早开始越好。这里要特别强调的一点，就是"时期性"。

假设有两个孩子牙齿结构异常。一个在发现牙齿问题后，立刻就去牙科诊所进行矫正。而另一个虽然发现了问题，但并没有立即矫正。这两种做法产生的结果，在当时或许看不出有什么差别，但是随着时间的推移，就会出现很大的差异。没有接受矫正的孩子，在成年以后，很可能会因牙齿问题造成脸部变形。

当然，成年以后也可以再对牙齿进行矫正。但是成年后矫正牙齿，要比童年时期困难得多，而且不易看到效果。因为，成年后，脸部形态已经基本确定了。另外，成年后矫正需要承受的痛苦，也要比童年时期大得多。性格也是一样。

当发现问题以后，如果父母能够在第一时间校正孩子的性格，孩子就可以更顺利地展开幸福人生。但是，发现了问题却放任不管，孩子就只能继续在不幸的生活中跋涉。待成年之后再想纠正时，孩子会发现自己已经失去了很多，校正的效果也无法与童年时校正相提并论。

再次强调一遍，性格是可以改变的。但是，必须要尽早校正。在校正孩子的性格之前，首先要找到问题所在。

02

自卑感是一把双刃剑

　　我给很多孩子父母做过咨询，他们都因为孩子过于害羞的
性格而感到苦恼。

　　害羞的孩子往往都非常敏感，很容易因为一些小事受到惊
吓，甚至稍微被吓一下，就会满脸通红。这类孩子平时也表现
得非常沉默。在人际关系中，这类孩子很少采取积极主动的行
动。这种性格的人，通常都缺乏自信，在遇到一些困难时，很
容易选择退缩。他们往往持不愿接受新情况的心态。

　　孩子的这种情况，当然会让父母感到为难。害羞，常常会
让人与缺乏自信联系在一起，再进一步，就是被判定为"自卑
的人"。那些看上去特别胆小或是特别害羞的人，通常都会让

人觉得他（她）是个自卑的人。甚至可能有不少父母会去质问孩子："你怎么会这么自卑？"

无论是谁，如果被人指着说："你很自卑"，他（她）一定会感到很惭愧，甚至感到悲伤。在人类的情绪中，自卑感是最能在短时间内将人击倒的一种情绪。

严格来说，自卑感本身其实无所谓好，也无所谓坏，它只是"自我概念"的一种而已。自我概念，指的是在个人成长过程中，与外部世界缔结关系，了解并评价自我，因而具备的一种对于自我的认识。人从一出生就具备自卑感，其实并不是一件坏事。

阿尔弗雷德·阿德勒在《理解人性》中提出，人类从幼儿期就具有的自卑感，来自于弱小的身体、恶劣的社会环境、贫乏的经济和侮辱感。想要克服这些情况而做出的努力，就是对自卑感的补偿。

而且，他还指出，人类正是通过克服这种幼儿期自卑感，来实现性格形成的。也就是说，自卑感是想要弥补不足的"动机和燃料"，如果能有效地利用好这种想要弥补不足的努力，反而有助于获得成功。实际上，确实有很多人就是成功地克服了长期的自卑感，一跃成为取得卓越成就的人。

不过，如果无法克服这种自卑感，不仅会因此失去自我，甚至还会失去家人、朋友，乃至整个社会。

小到一家之长，大到一个企业的总裁，以及政治家、牧师、医生、教授、律师等，虽然外表上看他们都给人非常强势的感觉，但如果无法解决隐藏在其内心深处的自卑感，同样也会给自己和身边的人，造成很大的困扰。

自卑感是一种非常重要的情绪，它小到可以左右个人，大到左右企业，甚至左右国家兴衰。在日常咨询中我曾经见到过，妻子因丈夫的自卑而默默流泪，子女因父母的自卑而不得不面对混乱的人生。

总裁或者主管自卑，员工会受到各种损害；老师或教授自卑，学生成为了报复的对象；牧师自卑，信徒就必须要被动接受自卑感。

警察或法官自卑，国民有可能会受到不公平的处罚；政治家自卑，全体人民会承受压力；总统自卑，整个国家会陷入历史性的悲剧。

自卑感会有哪些表现

每个人都会在身体、精神以及生活环境方面，感受到自身的不足。对于自身的不足，如果不是采取坦然接受的态度，而是过分紧张，并总是针对不足与他人进行比较，这时产生的那种情绪，就是自卑感。

由于自己看上去比较渺小，因而努力想要向别人夸大自己，这也是自卑的一种表现。同时这样会掩盖起真实的自己，并给别人留下不好的印象。

自卑感，也可以看做是对于占据在记忆或下意识中，对儿童时代记忆的反应。每个人都会有美好的、正面的记忆，同时也有一些否定的、具有伤害性的记忆。一般来说，当某种行为、态度、记忆或情况等，影响到这个人当前的行为时，他（她）就会下意识地表现出一些本能反应。

另外，在自尊心过分强烈，或是需要设置防御的情况下，为了保护自己，也会产生这种情绪。必须要从困境中脱离出来，但是在找不到出路的情况下只能接受现状，自卑感便由此产生。

困境可以成为人格形成的良好动机，在为了摆脱困境而努力的过程中，人会被激发出一定的创造性。为了克服自卑感而进行的努力，可以产生正面的协同效果，并成为人生的原动力。

自卑感放任会酿大祸

自卑感，也可以理解为一种心理上的挫折。对于那些伴随着心理挫折长大的人来说，如果用一种虚拟指标来形容他们的话，可以说"心的顶点在地板上"。"心的顶点在地板上"的人，看待别人的视线，也只能是在地板上。

用一句话来概括就是，充满自卑感的成年人就是被偏见包围，处于严重孤独状态中的人。这样的人，在面对人和事时，会更早、更多地看到坏处，而不是好处。另外，他们还会因为担心对方察觉自己的弱点而加强防御。越是过分骄傲的人，越有可能是自卑感强的人。即使是一些普通的交谈，这样的人也会表现得很敏感，这就是自卑感强的代表特征。此外，这类人还具备下面这些特征。

第一，夸大其词。不能从他人那里获得足够的肯定，是自卑感强的人所不能忍受的事情。有时候，为了获得认可，这类人甚至不惜去阿谀奉承。从表面上看，他们是夸耀自己，但在下意识中却认为自己毫无价值。

第二，对外界采取封闭和防御的态度。这是隐藏自卑感的一种表现。有自卑感的人，无法接受别人的正常批评，于是就采取"隐藏"的态度。

第三，具有自闭倾向。自卑的人很容易自暴自弃，无法很好地适应变化，因此他们会惧怕集体生活。

另外，被自卑感纠缠的人，会认为自己缺乏魅力，无法独立解决问题，对任何事情都没有欲望，缺少好奇心和创造力。因为失去了人生的乐趣，自卑的人很容易在人群中被孤立，这就会让他们感觉更孤独，最后慢慢变得更加偏激。自卑感强的人就在这样一种恶性循环中度过每一天。

这些现象表示存在自卑感

内心

- 毫无来由地感到愤怒。

- 常常感到恐惧和不安，甚至自我虐待。

- 对一些很小的失误或事情，都会感到非常紧张，并因此产生强烈的自卑和自责。

- 表面上看与别人的关系都很好，但是内心却对别人充满了愤懑和不满。

- 表面上看似乎什么都不在意，但内心有着强烈的"欲望和自尊"。

- 追求完美，不愿表现出内心的自卑。

外表

- 过分谦虚，常常做出不必要的牺牲。

- 总是担心被伤害。

- 有强烈的依赖意识，常常欺软怕硬。

- 在职场生活中，拒绝从事可能带来负担的工作。

- 无法实现正常的人际交往，表现出社交恐惧症。

- 必须要面对自己的弱点、短处时，感到紧张和恐惧。

- 被别人指出弱点、短处时，表现出过度的防御性和攻击性。

- 为了躲避对方的视线，选择缩在一个角落。

- 当谈论到学校、成绩、工作、家庭等内容时，常常
  选择离开。

- 不善处理人际关系，表现出社交恐惧、忧郁。

- 绝对不说有关自己的家庭和家人的缺点。

- 常常莫名地感到深深的罪恶感，每天生活在阴暗和
  绝望中。

- 经常巧舌如簧或者插科打诨。

- 总想利用外表的变化，来获得权威、傲慢的形象。

- 用一些奢侈品和名牌来虚张声势。

- 连汽车都开不起，却要加入高尔夫俱乐部。

母爱无边 养育有度
给孩子一个不卑不亢不纠结的人生

03
父母的教育方式决定
孩子是否有自卑感

在孩子成长的过程中，父母对孩子的行为所采取的态度，往往会决定孩子是否有自卑感。如果父母对孩子的要求总是无条件地说"行行行"，那么孩子很可能会变得自私自利，目中无人。

如果孩子无法实现父母的期望，父母就呵斥甚至打骂孩子，孩子可能会逐渐失去自信，认为自己非常无能。这样一来，孩子在行为上会越来越退步，最终在自己的人生中，和同龄人相比，也总是落后一步。

吃奶、排便也关乎孩子的自卑感形成

自卑感是与孩子的性格同步形成的。人来到这个世界，从第一次吃奶开始，就会表现出一定的自卑感。这时候，能否吸吮到充足的乳汁，会对孩子产生很大的影响。不能吃饱的孩子非常敏感，会产生一种"没有获得充分爱"的感觉。如果孩子一哭父母就打或者吓唬他（她），那只会让孩子变得更加敏感。

怎样对孩子进行排便训练

孩子从出生一直到6个月这段时间，对于排泄是没有自我意识的。7~8个月以后，孩子开始有了排泄感觉，但是还无法进行自我调节。再以后，对于排泄，孩子之间就开始出现个体差异了。一般到15个月龄以后，孩子开始出现排泄意识。过了3岁以后，孩子就完全可以有意识地进行排便了。

说到排便训练的原则，首先，不要从孩子能够使用坐便器开始对孩子进行排便训练，要从孩子有这种意愿的时候开始。妈妈的责任只是帮助孩子，至于是否要排泄，则应该由孩子自己决定。

如果坐便器太凉，孩子的身体会下意识地蜷缩，这不利于顺利地排泄。一开始，大部分孩子都会因为憋不住排泄物而弄脏衣服。这时妈妈一定要特别注意，不能因此发脾气。

如果孩子做得好，一定要给孩子充分的肯定与鼓励。夜间的良好睡眠，对于排便训练很有帮助。一旦过了吃好睡好就能得到最大满足的时期以后，孩子就要进入排便训练期了，此时也是孩子性格形成的一个重要时期。

虽然每个孩子在身体发育、认知发育方面都存在着一定的个体差异，但是，大多数孩子都会在15个月龄开始表现出排泄意识。排便是一种正常的生理现象，在孩子可以完全自主控制排便之前，父母应尽可能地尊重孩子的意愿。实际上，孩子本身不会对排便有"肮脏不洁"的认知，通常是父母的态度，让孩子产生了错误的概念。

有些父母，因为孩子刚满周岁就能控制大小便而感到自豪，似乎这都是父母及时训练的功劳。其实，就算孩子的智能在平均水平之上，如此早就能控制大小便，对孩子来说也并不是一件容易的事情。

对孩子进行严格的排便训练，对于孩子的性格形成是一种非常危险的行为。这时候对孩子的强迫行为很有可能左右孩子的一生。当然，对于孩子的排便问题，父母也不能过分漠视和放松，但态度绝对不应该带有惩罚的色彩。

排便训练本身就会让孩子感到不安。对那些不能控制大小便的孩子来说，听到父母"怎么又尿在这里"的呵斥，会本能地感到恐惧和紧张。如果对不能控制大小便的孩子进行过度惩罚，不仅会加剧孩子的不安和恐惧，还会让情况变得更加糟糕。如果这种情况反复出现，孩子就会对排泄产生负担，而有了排泄意识，又经常感到紧张或者是强行忍耐，很有可能因此而导致小儿便秘或者厌食症等问题。

排泄是人的基本要求，和吃饭、睡觉一样，其过程应该是平静、舒适的。但是当这项基本权利被剥夺的时候，那种精神上的压力必然会导致自卑感的产生。相反，如果能顺利地度过这个时期，孩子的性格则更倾向于发展为乐观向上、充满活力的性格。

是过度控制，还是过度放任

即使顺利度过了排便训练期，也还是有很多环节会导致孩子产生自卑感。在这些时候，也和排便训练一样，孩子会受到父母的绝对影响。比如，家庭的整体氛围会对孩子有一定的影响。如果父母经常争吵，那么紧绷的紧张感就会传递给孩子，孩子会因此感到自责、羞耻和自卑。

"帮"孩子制造自卑感的父母，可分为"过度控制型"和"过度放任型"。

对孩子控制严格的父母，甚至连孩子吃饭时也不放过，孩子哪怕只是洒了一点汤，他们也会立刻催促孩子去换衣服。这样的父母会关注孩子的一切，如吃、玩、睡，等等。而在这样的父母身边长大的孩子，会被剥夺掉自律性和自尊心，很自然地也就学到了自卑。

相反，过度放任型父母，无论孩子做什么都置之不理。在这样的父母身边长大的孩子，会因情感缺失而引发一系列问题。这样一来，孩子就会只考虑自己的利益，不会为他人着想，成长为不懂得承担责任的人。

影响孩子自卑感的另一个因素，就是父母过度自私。最近我就遇到这样一对父母。他们给孩子报名参加了所有课外兴趣班，孩子却什么也不想学。孩子心里承受了很大的压力，并且越来越没有自信了。

当被问到孩子究竟喜欢什么活动时，这对父母却无法给出明确的答案。我告诉他们，其实，在目前这种状态下，无论再让孩子做什么，孩子都会感到很辛苦，也会更加缺乏自信。为了找到原因，我向这对父母仔细询问了孩子的成长过程，发现是爸爸的教育方法出了问题。

如果想让孩子多学些什么，首先应该询问孩子的意见，并尊重孩子的意愿。讨论决定之后，要共同制定一个目标，并鼓励孩子即使遇到困难也不能半途而废，应积极向上。这才是最重要的。

为了让孩子能感受到"成就感"，父母必须予以协助。当然，不要忘记，在孩子达到目标以后，要通过称赞和鼓励，培养孩子的自信心。还要经过和孩子商讨，为孩子制定出下一个目标，让孩子开始新的挑战。

当体验过几次这样的"成就感"之后，孩子就会独立思考，下一步的目标是什么，应该怎样去实现，并会为实现目标主动采取行动。孩子会在这个过程中慢慢长大。

但是，很多孩子之所以没能形成这样的良性循环，完全是因为父母的过度私心。在孩子没有任何要求之前，父母就先为孩子做好了计划，然后就对孩子下达命令。这在无形中也就剥夺了孩子独立成长的机会。

大多数父母都不去寻找真正的原因，总是站在自己的立场上解决问题。发现孩子的某些问题之后，他们会擅自为孩子做主。例如，孩子注意力不集中，为了培养孩子的注意力，就强迫孩子学习围棋或书法；如果发现孩子缺乏自信，就想当然地让孩子学习跆拳道和演讲。

但是，这种做法并不能解决问题，只会让情况更加严重。孩子对不喜欢的东西，即使被迫去学习，也多会半途而废。如果反复出现这种情况，结果只能是一种恶性循环。这种恶性循环会让孩子对自己产生失败感，认为自己是一个什么也坚持不下来的失败者。

孩子要比成年人更容易表露出自卑感。自卑的孩子，学习成绩往往不好，理解力差，注意力分散，甚至还会表现出暴力倾向。这些都是让很多父母大呼头痛的问题。

孩子的自卑感往往是父母造成的，解决这个问题的钥匙，也掌握在父母手里。也就是说，哪怕孩子只是有一点点自卑，父母也应该采取适当的介入方式，帮助孩子消除自卑。

作为父母，面对孩子的自卑感，既不能对孩子的行为表现出过度敏感，强硬地干涉；也不能置之不理，放任不管。

要从理解孩子的角度出发，关注孩子的每一点变化，并努力与孩子进行沟通。对孩子的一些特定行为或者异常行为，父母首先要做好心理准备，然后再去纠正孩子。还有一点也很重要，如果父母无法直接给予孩子帮助，或者孩子的自卑感非常严重，应该寻求专家的帮助。

父母的话会给孩子播下自卑感的种子

很多父母经常在下意识中，把自己的孩子与其他孩子进行比较。而在进行比较时，通常不是夸奖自己的孩子比别的孩子好，而是指责自己的孩子不如别人。当然，这样说的目的，是希望自己的孩子能够做得更好，但实际上却会对孩子造成很大的伤害。

大部分父母错误地认为，这是对孩子的激励。"英植能做好，你为什么不行？""你也像贞秀那样，拿个第一名给我看看。"很多父母都觉得，这样的说话方式可以让孩子感受到挑战，促进孩子更加努力。

其实，这样的话只会带给孩子一种感觉，那就是"我很差"。如果经常听到这类的话，孩子原有的自信心就会慢慢消失。孩子会从内心深处觉得，自己真是很差劲。父母下意识的话语就是孩子自卑感产生的种子。当这粒种子掉落到孩子的心中以后，慢慢地就会发芽长大，结出自卑的果实。这个果实，还将伴随孩子的一生。

如果父母总是有意无意地贬低孩子，那么，孩子最终会变得自卑和愤怒。为了获得父母的肯定，孩子付出了各种努力，但无论怎么努力，在父母的眼里，孩子仍然"一无是处"。当付出了全部，却得不到想要的认可时，孩子就会抱着决绝的态度，将情绪演变成自卑和愤怒。

在父母的心中，自己的孩子总是不够优秀，因为父母总是贪心地认为，自己的孩子应该完美无缺。对于一个底部有裂缝的缸，首先要做的是把缸修好，而不是一味地向里面灌水。如果父母没有发现缸是坏的，只责怪孩子没有把水灌进去，显然就是父母的责任了。

这个坏了的缸，指的就是父母内心的不安状态。很多父母会因为孩子在上美术班时拿笔姿势不对，或孩子见到邻居长辈没有打招呼而大发雷霆。但是，拿笔姿势不对，没打招呼的孩子，真的就犯了很大的错吗？其实，那不过就是每个孩子都会出现的一些孩子气的失误罢了。

那些内心总是惴惴不安的父母，连这点小事都无法容忍。因为他们不愿意听到老师说自己的孩子学习不好，不愿意听到邻居们说自己的孩子没有礼貌。由此看来，在社会关系中失去自信的，其实不是孩子，而是父母自己。

这类父母非常关注孩子的举手投足，指挥孩子的全部行为。当孩子不能按照父母的期待去做时，他们就会指责孩子。在这样的父母身边，孩子每天都战战兢兢，生怕自己做错什么，对每件事都非常小心。在这种状态下，孩子显然是无法获得自信的。做事的时候，孩子首先想到的是，"我这样做，妈妈会不会说我？"

这样的孩子，即使在长大成人以后，也很难拥有真正属于自己的人生。他们或者会成为处处依赖妈妈的乖乖男（女），或者成为那些处处谨小慎微，畏缩不前的人。

值得注意的是，所有这一切，可能都源于当初父母那一句无心的话："英植能做好，你为什么不行？"

找出内心隐藏的自卑感地雷

有的父母自己就带着自卑感这颗"心灵地雷"。这多半也是因为他们的父母造成，然后又"准备"传承下去的。

"心灵地雷"指的是心理上的紧张和不满。心灵地雷有很多种类，无论是谁，只要踩到其中任何一种，都会被炸得粉碎。这就如同战争时期埋下的地雷，在和平年代就成了隐患一样，心灵地雷是一种无法治愈的心灵创伤。

拥有心灵地雷，常常会充斥着憎恶、愤怒、抱怨、挫折等情绪，而这也正是自卑感的多种表现。即使本人没有表现出来，交流的对方也依然可以清楚地感受到这些情绪。

如果不清除掉这颗心灵地雷，它会一直纠缠着孩子。如果想要改善与孩子的关系，那么父母首先必须找出隐藏在自己内心的这颗地雷。需要的话，还应该拿出勇气，在孩子面前承认自卑感的存在。坦率地吐露心声，要好过隐藏内心世界。与孩子关系的改善，也恰恰就是从吐露心声开始的。

04 测测你的自卑感指数吧

自卑感的自我测试

这个测试是用来检查父母自卑感的。希望能认真地阅读每一条，坦率地做出自我评价。

● 请在相应的回答上画"√"。

1. 您的性别是?

①男性　②女性

2. 您的年龄是?

①20多岁　②30多岁　③40多岁　④50岁以上

3. 您的职业是？

① 学生　②公司职员　③家庭主妇　④其他

4. 您的子女是？

① 小学生　②初中生　③高中生　④其他

● 仔细阅读下面的内容（表2.1），然后坦率地勾选出答案（表中数字即为相应的分数）。

表2.1　自卑感自我检测表

内容	完全不会	通常不会	一般	通常会	总会
1. 看到长得漂亮的人，会觉得自卑	1	2	3	4	5
2. 一想到因为经济问题而中断学业，就会感到自卑	1	2	3	4	5
3. 看到很有勇气的人，会感到自卑	1	2	3	4	5
4. 会因为爸爸（妈妈）的学历低而感到自卑	1	2	3	4	5
5. 因为不是名牌大学毕业，感到自卑	1	2	3	4	5
6. 对身高感到自卑	1	2	3	4	5
7. 看到别人的汽车或房子比自己的好，会感受到压力或自卑	1	2	3	4	5
8. 看到有领导才能的人，感到自卑	1	2	3	4	5
9. 因为爸爸（妈妈）的外貌而感到自卑	1	2	3	4	5
10. 看到在名牌学校上学的朋友，会感到自卑	1	2	3	4	5

母爱无边 养育有度
给孩子一个不卑不亢不纠结的人生

内容	完全不会	通常不会	一般	通常会	总会
11. 会因为体型不好（例如，腿短或罗圈腿等）而感到自卑	1	2	3	4	5
12. 因无力购买想要的东西，产生偷窃的冲动	1	2	3	4	5
13. 看到擅长社交的人，会感到自卑	1	2	3	4	5
14. 因为爸爸（妈妈）的职业"不够体面"而感到自卑	1	2	3	4	5
15. 看到那些外语流利的人，会感到自卑	1	2	3	4	5
16. 看到那些身体强健的人，感到自卑	1	2	3	4	5
17. 看到比自己有钱的人，会认为自己能力不够，从而感到自卑	1	2	3	4	5
18. 看到那些人缘好的人，会感到自卑	1	2	3	4	5
19. 因为自己家境贫穷而感到自卑	1	2	3	4	5
20. 看到那些有决断力的人，感到自卑	1	2	3	4	5
21. 因为过胖（过瘦）而感到自卑	1	2	3	4	5
22. 认为只要能挣很多钱，就可以做任何事情	1	2	3	4	5
23. 看到那些积极主动的人，会感到自卑	1	2	3	4	5
24. 因家庭关系不睦而感到自卑	1	2	3	4	5
25. 因觉得自己不够聪明而感到自卑	1	2	3	4	5
26. 因为自己的皮肤（如颜色等）而感到自卑	1	2	3	4	5

内容	完全不会	通常不会	一般	通常会	总会
27. 因为经济原因，不愿意接触有钱的人，甚至抵触参加社交活动	1	2	3	4	5
28. 看到那些善于结交异性的人，会感到自卑	1	2	3	4	5
29. 和比自己优秀的兄弟姐妹进行比较时，会感到自卑	1	2	3	4	5
30. 看到学习成绩好的人，会感到自卑	1	2	3	4	5
31. 会因为自己的性器官（或胸部）小而感到自卑	1	2	3	4	5
32. 看到有人嫁（娶）了有钱人，感到自卑	1	2	3	4	5
33. 看到能获得大家肯定的人，感到自卑	1	2	3	4	5
34. 因为兄弟姐妹或亲戚中没有优秀的人物而感到自卑	1	2	3	4	5
35. 看到能够很好地理解对方话语的人，感到自卑	1	2	3	4	5
36. 看到肌肉发达的人（身材好的人），感到自卑	1	2	3	4	5
37. 为了让自己看上去比别人富裕，不惜刷爆信用卡购买奢侈品	1	2	3	4	5
38. 看到那些有才华、有幽默感的人，感到自卑	1	2	3	4	5
39. 因为没有爸爸或妈妈（丧父、丧母或者父母离异）而感到自卑	1	2	3	4	5
40. 看到那些有才华（音乐、美术、歌唱、舞蹈等）的人，感到自卑	1	2	3	4	5

母爱无边 养育有度
给孩子一个不卑不亢不纠结的人生

● 按照题号，在表2.2中填上相应的分数，然后把分数相加。

表2.2　自卑感测试得分表

自卑感类型	相应题号									排行
Ⅰ.身体自卑感	1	6	11	16	21	26	31	36	合计	
Ⅱ.经济自卑感	2	7	12	17	22	27	32	37	合计	
Ⅲ.社会自卑感	3	8	13	18	23	28	33	38	合计	
Ⅳ.家庭自卑感	4	9	14	19	24	29	34	39	合计	
Ⅴ.学业自卑感	5	10	15	20	25	30	35	40	合计	

注：在表中的五个分类中，获得最高分数的类别，就是被测试者最主要的自卑感来源。

● 将表2.2中各类合计分数标记在图2.1的相应数字上，然后把点与点连接起来，就绘成了个人的自卑感指数分布图。

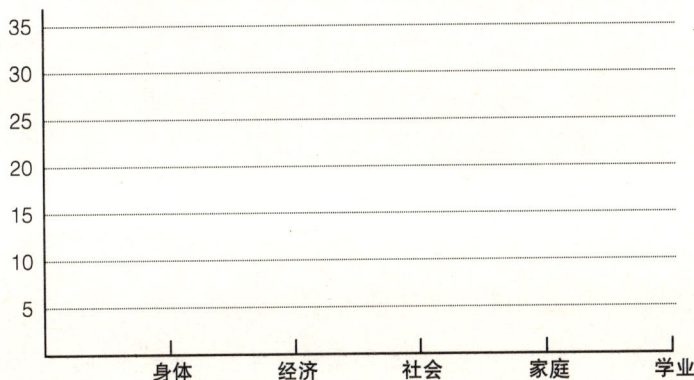

图2.1　自卑感指数分布图

● 表2.3是对自卑感指数的分析。

表2.3　自卑感测试结果分析表

自卑感指数	分析
≤15分	属于无自卑感，或者自卑感很少的人。自卑感分数在10分以下的人非常少。获得这个分数的人，有些人是天生乐观豁达，也有些人是付出了很多努力，才克服了自卑感。但这类人很容易陷入优越感。因此，在珍惜自我的同时，也要花一些时间来审视自己。
16~31分	这类人具有一定自卑感，大多数人都属于这一类。这类人如果能适当地调节自卑感，反而可以将其转化为一种积极的动机。不过，如果分数在25分以上，就要引起注意了，如果继续放任下去，自卑感指数有可能变得更高。这类人，一定要找出自己在哪些方面的自卑感最强烈，然后分析原因，寻找解决办法。
≥32分	这类人的自卑感已经接近危险指数了。这类人，自卑感对当前的生活产生了诸多影响，所以必须要付出许多努力来解决这个问题，首要任务就是找出自卑感最强的方面。仔细思考一下，从什么时候开始，因为什么而产生了自卑，自卑感对自己的生活产生了哪些影响，然后再进行调节。如果一直放任这种状态，可能会在人际交往中出现问题，甚至引发抑郁症。如果这种自卑感只存在于某些特定方面，那么，它会对这个方面及相关方面都产生负面影响。例如，经济自卑感恶化后，会转化成社会自卑感，而家庭自卑感也可能转变为学业自卑感。

解读自卑感测试结果之前要了解的事

对方轻视自己时，自尊心受挫，并因此感到不快，但同时又觉得，受到无视或低估是理所应当的事，这就是自卑感的典型表现形式之一。另外，那些没有经历过任何挫折，拥有强烈自尊心的人其实充满自卑感。他们在自己毫无察觉的情况下，生活在一种强烈的自恋中，其实内心充满了紧张和不安。即使对方没有做出任何表示，这种人也会产生被"揭穿"的感觉。那么，首要问题就是找出引发这种情绪的原因。

总是下意识地重复一些敏感反应，肯定是有原因的，而自卑感就隐藏在这种下意识之中。

这其实属于一种心理创伤。但大多数人并不清楚这一点，只是当某一天突然面对这种创伤时，才感到惊慌失措。

前面我们进行的自我测试，可以了解内心隐藏的自卑感属于哪一类。这个测试，可以解读出一个人内心存在哪种自卑意识，目的是化解内心的矛盾，将人际关系中出现的摩擦最小化。

在对自卑感测试结果进行说明之前，还有一点想要提醒各位，那就是，这个结果只是寻找潜在自卑感的一种方法而已。任何一种心理测试都一样，测试结果并不代表绝对真理。

目前，心理测试工具有几十种之多。很多人总是想把别人强行归入自己了解的特定类型。有些人通过心理测试推测性格，当结果与自己的预期不符时，就想尽办法证明自己的正确。这样做其实是没有意义的，这就如同一定要把一头大象放进冰箱的做法一样愚蠢。

心理测试中经常使用的迈尔斯-布里格斯性格分类法

（Myers-Briggs Type Indicator，MBTI）[1]，就是判断性格的方法之一。即使使用这么常用的心理测试，测试结果与个人的实际有不符之处，也是很正常的情况，完全不必过分介意。

所谓心理测试，就如同在买衣服的时候，努力寻找适合自己体型的服装一样，不过就是一个寻找"最适合"元素的过程。与其绝对相信心理测试结果，倒不如多思考怎样去接纳问题，又该如何去解决问题。应该让衣服来适应身体，而不能让身体去适应衣服。

正确解读自卑感

1. 身体自卑感

所谓身体自卑感，指的是由于各种原因造成的包括身高、体重、五官等方面存在不足，并因此感到自卑。那么，人对于自身的身体特点，需要多大程度的满足呢？

最近，我们的身边出现了很多长相俊美、肌肉健硕的男子。看到那些拥有颀长身材、健壮体魄的美男，或许连男人都会啧啧称赞吧。不过，让我感到庆幸的是，自己从未因为身材

---

[1] 迈尔斯-布里格斯性格类型指标（MBTI）是一种性格评估量表，用于衡量和描述人的心理活动规律和性格类型。它是以著名心理学家卡尔·荣格的性格理论为基础，由美国的伊莎贝尔·迈尔斯（1897—1980）和她的母亲凯瑟琳·布里格斯（1875—1968）共同研发的。——译者

矮小、容貌不够英俊，而感到过苦恼或是自卑。

关于身高，谁也不愿意被别人叫做"矮子"。为了不陷入身体自卑意识中，每个人都一直在努力。

如果父母自身就存在身体方面的自卑感，那么无论子女生得多漂亮，他们都可能不会觉得好看。因为在他们的内心深处，会固执地认为，子女长得像自己，不漂亮。但是，在看到别人家孩子时，虽然嘴上称赞其可爱、漂亮，回到家以后却努力想找出人家的缺点。

其实，所有的问题都来源于自己。因为无法克服自身的这种自卑感，也就会无法控制自己的行为。有身体自卑感的人，在人际交往中会遇到很多问题。对于初次见面的人，这类人会很敏感，并心怀戒备。这样的人，有时甚至在公园或地铁里被陌生人看了一眼，也会大发脾气，质问人家为什么要看他（她）。

身体自卑感的程度，会因为不满意的身体部位，存在一些差别。人们最容易感觉自卑的地方，应该是在人际交往中决定第一印象的五官。

和那些不容易被看到的身体部位相比，每个人都愿意把心思花在让人一目了然的身体部位上。如果孩子的眼睛小或鼻梁塌，那些自卑的父母，会急切地盼望孩子快些长大，以便能让孩子尽早接受整容手术。

就算孩子并未感觉自己的容貌有什么不妥，可如果和这样的父母生活在一起，也难免会产生"我长得很丑"的想法。父母每次看到孩子的时候，总是说，"要是鼻梁再高一点儿，肯定会更漂亮。要是双眼皮，肯定会像个公主。"孩子就会因此不断自我暗示，"我的鼻梁不够高，我的眼睛不漂亮"。就这样，父母的自卑感像病毒，一点点地传染给孩子。

具有身体自卑感的父母，甚至会对不相干的人加以指责。有时候，几个朋友一起看电视，有的人就会对电视上出现的歌手或演员的外表品头论足。如果仔细听听他（她）的评论，就会发现，这些评论里没有称赞，全是批评。对于接受了整容的人，这种人会说人家是因为整容才那么漂亮；对没有整容的人，则会批评人家这里或那里长得不好看。

身体自卑感强的人会把世界上所有的事都与外貌联系起来。如果谁在求职面试中落选了，这样的人会认为那是因为长得不好看导致的。就算是和异性分手了，这样的人也会把原因全部归到外貌上。因为所有事情都与身体自卑感有关，这种人的社会生活便显得十分艰难。如果父母过分强调孩子的身体外表，只能带来类似的错误结果，并将这种自卑感传递给孩子。

2. 经济自卑感

在各种自卑感所带来的影响中，没有哪一种能比得上对金钱的自卑感来得严重。经济状况如同一个巨大的怪物，可以给人力量，也可以剥夺人的力量。

其实，那些认为只要有钱就万事大吉，在金钱面前卑躬屈膝的人，对金钱的自卑感，已经达到了令人恐怖的程度。

那些处于经济自卑感中的人，也有一些是自欺欺人。这些人常标榜，自己即使在贫乏的物质生活中依然能够感到幸福。话虽这样说，他们却常常因为缺钱，逃避聚会和各种人际交往，并努力通过其他能与金钱展开竞争的东西来炫耀自己。即便如此，遇到问题时，他们也会无条件地把原因归到金钱上，认为都是因为钱才导致这样的结果。

经济自卑感，一般是在对金钱刚刚建立概念时产生的。这时候，如果父母总是在孩子面前谈钱，并强调自己的贫穷，孩子就会不知不觉地迷恋金钱。这样的孩子，一旦有了想要的东西，首先想到的不是通过正当的方法去获得，很有可能认为，"我太穷了，根本买不起那个"，最后选择放弃，或者用偷或抢等错误的方法去满足自己的需求。

再长大些以后，就算这些偷窃的小毛病没有了，但只要还存在经济自卑感，孩子依然会对自己的经济状况感到羞耻，不愿透露给别人，并因此成为一个虚伪的人。我们经常说的"要面子"，其实就是经济自卑感的一种表现。住着租来的房子，偏要开一辆豪华轿车，这样的人往往属于这种情况。

在韩国，车被看做是地位与财富的象征。很多人都认为，开着一辆经济型的小车上路很尴尬，在朋友面前也很没面子。他们不愿意看到学生时代成绩不如自己的同学，如今开着比自己高档的车，住着比自己豪华的房子。因为在他们的意识中，金钱与成功是紧密相关的，甚至自己的全部人生都会因此发生变化。

问题是，这种自卑感并不只存在于贫穷的人身上。实际上，有些人已经很有钱了，依然无法摆脱这种自卑感和随之而来的攀比意识。这些经济上的富人，在精神上被自卑感纠缠着，无论他们拥有什么，最终都会被自卑感和挫败感打得落花流水。

有经济自卑感的父母最害怕的，就是无法把孩子引领到自己认为正确的道路上。孩子升学或者选择专业时，他们强调的标准不是别的，而是"是否能挣很多钱"。在这样的心态下，父母很容易把孩子引到一条只顾及眼前利益，但并不符合孩子志趣的道路上。如果始终对孩子灌输只要有钱就有一切的观念，那么，孩子的人生是不可能幸福的。也有的孩子长大后表面上看风光体面，但是他们和父母一样，也会成为一个心灵贫穷，眼睛只能看到钱的人。

3. 社会自卑感

有社会自卑感的人，往往在人际交往中，表现得非常内向。在社会生活中很难听到他们的声音。

无法缔结正常社会关系的人，在其人生道路上总是希望能有人牵引着自己前进，而不是希望依靠自身的力量去独自摸索。这些人结婚之后，在夫妻关系中也会缺乏主动性。他们通常没有什么朋友，甚至与家人或身边的人，也很难形成亲密的关系。对于一些很小的事情，这种人也会因为犹豫和紧张，无法轻易做出决定。如果是男人，会明显缺乏男子气概。这类人只会低头处理需要自己承担的工作，很少提出问题，也很少发火，给人的印象是诚实和亲切，这也算是他们的优点吧。

有社会自卑感的人有一个致命的弱点，那就是，越是亲近的人，越会因为他（她）而受到折磨。这种类型的人大多缺少活跃性，他们平时说话不多，不愿意把内心的想法表达出来。当然，这种人的自律性和主动性也比较差。这种性格，会让与他们一起工作或生活的人，感到十分痛苦。

在需要与别人配合工作的时候，必须要考虑到对方的感受，并适当采取妥协态度，否则，就容易出现误会。而有社会自卑感的人，不喜欢变化，不愿意冒险和挑战。如果选择这样的人作为配偶，生活很可能会变得孤独且枯燥无味。

那么，这种社会自卑感是怎样形成的呢？社会自卑感，通常是社会集团强加给个人的。如果一名女性生活在男女差别化严重的社会环境中，那么，她就很容易产生社会自卑感。学历或职业，也对产生社会自卑感有很大影响。

孩子到小学高年级，就开始与他人形成社会关系，并且开始思考自己的社会位置。这时候，爸爸的职业或家庭环境等诸多因素，都可能让孩子产生强烈的社会自卑感。

在有社会自卑感的人中，有人因为逆反心理而获得了巨大成功。但也有人，因为无法战胜自卑感过早地放弃了自己，甚至做出了反社会的行为。

社会自卑感，也是对于自身的勇气、主导力、声誉、异性缘、才华和幽默感等方面的严重不足感。有些人总是把自己与那些成绩优异、有异性缘、才华横溢的朋友进行比较，然后就陷入深深的自卑之中。这就属于社会自卑感强的情况。

有些孩子，身上有一种相对自卑感。他们认为自己只有学习还说得过去，或者连学习都不好，长得不好看，不会唱歌，也不会跳舞，几乎一无是处。

在这种情况下，父母要做的，首先是分析孩子的自卑感属于哪种类型。如果孩子是因为学习成绩不佳产生了自卑感，通过健康的身体也可以减轻自卑。可以根据孩子的身体条件，建议他（她）选择一些球类运动、健身运动或游泳等，让孩子因此而获得别人艳羡的目光。

这种方法，能让孩子意识到，内心的那种因学习而产生的自卑感是可以减轻的。如果连那些成绩优异的同学也开始羡慕自己，孩子一定会找到自己的新定位。

这时候需要注意的是，警惕那些号称能克服自卑感的各色方法。对于那些方法，如果使用不当反而会带来更严重的自卑感和挫折感。

比如说，将一名平时沉默寡言、内向害羞的同事拉去卡拉OK，还非逼着他（她）唱一首节奏热烈的快歌。最后就算他（她）努力唱了，得到的结果也是"分数不及格，请继续努力"。在场的都是公司的领导和同事，想想这位同事会是怎样的一种心情呢？他（她）或许想马上找个地缝钻进去吧。

　　成年人尚且如此，孩子就更不必说了。如果努力了，还是遭遇失败，只会让孩子觉得，"是我自己太笨，什么都做不好"，并在无形中增加孩子的失落感和失败感。情况严重的话，孩子甚至会因此产生社交恐惧症。

4. 家庭自卑感

　　家庭自卑感，是孩子对父母的学历、外貌、职业、经济能力、社会地位及家庭氛围等，所产生的一种不足感。

　　此外，因为出生顺序不同而受到不同的养育态度，也是孩子产生自卑感的一个原因。父母的养育态度，是孩子区分自己与兄弟姐妹的一个重要因素。每个人，都是通过与兄弟姐妹的关系开始人际交往的。因此，与父母和兄弟姐妹的关系，常常决定一个人未来在人际交往中采取的方式。

　　在娇宠溺爱中长大的孩子，会理所当然地认为所有的人都应该为自己服务。在他们看来，无论在什么情况下，自己都是最重要的，所有人都应该对自己众星捧月。

　　这样长大的孩子，从来没有学习过，为了获得需要等待；也没有体验过独自去克服困难，或者去适应别人。因此，当面对新的问题时，这样的孩子会认为自己根本没有解决的能力，很容易陷入到自卑感之中。

　　另一方面，被父母放任不管的孩子，会从根本上认为，自己的存在是毫无价值的。因此，这样的孩子也会缺少从别人那里获得肯定和尊敬的自信。

我们都知道，在人际关系中，最亲近的人往往最难相处。虽然家庭是人生的避风港，但也可能变成"与敌共眠"。有时候，血肉相连的亲人，甚至比陌生人更陌生。

家庭自卑感严重时，丈夫与妻子、父母与子女、兄弟与姊妹之间，相互的关心和热爱都有可能画上终止符。如果父母有着强烈的家庭自卑感，那么孩子就只能生活在孤独和疏远中，体会不到家庭的温暖和爱。

在我们的社会中，受到家庭自卑感困扰的人，要比想象中更多。而且，他们大多无法获得正常的家庭生活。举个简单的例子，不知道有多少未婚女性，是因为在少年时代因父亲酗酒或暴力导致家庭破裂，长大之后绝对不肯与喝酒的男人交往，甚至干脆就不相信男人的。

家庭自卑感之所以比其他类型的自卑感更加危险，是因为有家庭自卑感的人所遇到的问题，除了家庭成员以外，其他人无法理解。有时甚至可能连他们自己都不清楚，到底出了什么问题。

克服这种自卑感的唯一办法，就是从父母这里切断自卑的根源。对幼小的孩子，其实没有必要跟他（她）强调，即便因为父母的经济能力、外貌、学历、职业而感受到家庭自卑感，也要努力让自己的人生过得更好；即使家庭不够完美，也应该去爱自己的家人。父母应该做的是，努力去做哪怕能让孩子感觉到一点点骄傲的事情，这才是最现实的解决方法。

5. 学业自卑感

学业自卑感，指的是来自于学习能力、学习成绩、理解能力、注意力等与学业有关的自卑感。产生学业自卑感的原因就是，因为某些科目存在不足而曾经承受过严重的心理负担或压力。

那种在学校里受到老师的批评、同学的嘲笑，回到家里还要受到父母的指责，甚至打骂的孩子，通常都有这方面的自卑感。

这样长大的孩子，在学生时代曾经因为学习而备受折磨。在他们自己为人父母后，本应该不再让自己的孩子承受相同的折磨。可奇怪的是，越是这样的父母，对孩子在学习方面的要求就越苛刻。这恰恰就是这些父母无法抗拒学业自卑感的表现。

现在的学生课业繁重，就连小学生也会因为课业负担过重，没有和小朋友一起玩耍的时间。因此感到学习压力太大的孩子不在少数。而到了初中，就算在本校的成绩很优异，要想进入重点高中，孩子也必须付出更多的努力。

最终，学业自卑感，必然会成为所有孩子需要面对的问题。即使拿到全国考试状元的孩子，也会一直处于紧张之中，不知道什么时候就被别人赶超了。学业自卑感就是在这种紧张中产生的。

成绩不佳的孩子，每次到学校或补习班考试的时候，都会对自己感到绝望，而多经历一次这样的挫折，又会让自卑感进一步加深。随着学业自卑感的加重，孩子对学习的兴趣也会逐渐消失，并且在内心充满了因为无法达到父母期望而产生的失望和痛苦。

如果这种学业自卑感一直持续，即使孩子毕业以后，也会很容易把自己看做是个无能的人。并且这种无能的想法，最终会伴随孩子一生，使孩子的生活变得艰辛和无味。这时候，学业自卑感转化为社会自卑感，是必然的结果。

对于孩子学习成绩不佳，有些父母不但不试图站在孩子的角度加以理解，反而对孩子不能容忍。如果孩子学习成绩不好，这类父母会认为，进一步向孩子施加压力，就能促使孩子进步，而且他们会真的这样去做。然而，这样的父母在学生时代，就一定是成绩优异的学生吗？回答恐怕是否定的。

当然，作为学生，应该要好好学习，这是学生的本分。但是，这并不代表每个孩子都应该，也都一定能够达到成绩优秀。有第一名，就必然会有最后一名。所以，无论怎样，每个人都应该有自己的位置。

"学习不好的都是笨蛋""你的成绩这么差，妈妈简直都不想活了"，其实，父母说的这些话，恰恰暴露了父母的自卑意识。因为孩子的学习不好而感到担心，是无可厚非的，可是，如果因此就感到生活不幸，或者过分地责备孩子，甚至觉得父母自己的人生也被断送了，显然是不健康的想法。

很多父母会因为孩子成绩下降而争吵不休，甚至还会打骂孩子。也有人因为夫妻之间存在学历差异，就产生学业自卑感，甚至夫妻关系因此逐渐恶化。

帮孩子克服后进生的自卑感

很多人都会有这样的体会，在自己的价值观与他人的评价之间，存在一定的差距。这种差距感，其实是所有人在成长过程中都要经历的一种"成长痛"。一般来说，这种成长痛会随着时间的流逝而自行得到解决。但有时候，想要克服自卑感，就要经历一个积极努力的过程，例如像青春期这样的敏感时期。

举个例子，在班上一直是成绩垫底的学生，当有一天忽然醒悟，原来自己内心充满了学业自卑感，有可能就会抱着一种必胜的决心开始奋发图强。

任何人在真正意识到自己的价值以后，就不会再继续虚度时光。他（她）还会发现，随着每一次小小的成功，周围人的嘲笑和啰唆就会少些。于是，这也会成为进一步努力的动力。

相反，如果无法发现隐藏于内心的自卑感，只是看到眼前的障碍，这样的孩子很难意识到学习是一种义务。在他们的想法中，学习只是为了取悦父母。于是，在他们内心深处，想要逃避的情绪就会越来越强烈。

因此，作为那些学业自卑感强烈，同时又没有自省能力的孩子父母来说，重要的不是在意别人怎么看自己的孩子，怎么说自己的孩子，而是帮助孩子尽快发现自身的潜在价值。也只有这样，才能让孩子找回自信，并明白学习究竟是为了什么。

如果总是心存自卑感，那么，即使听到一些很普通的话语，孩子也会做出敏感的反应。父母之间矛盾的激化，也会让孩子对学习越来越恐惧。所有这一切，都是造成孩子学业自卑感的原因。

母爱无边 养育有度
给孩子一个不卑不亢不纠结的人生

没有任何东西可以替代父爱。

05 缺少了来自爸爸的教育，孩子无法学会控制情绪

　　随着孩子的成长，爸爸和孩子的关系，有可能会日趋正面，也有可能会日趋负面。这一切，都取决于爸爸是否充分地发挥了父亲的职责。有研究显示，"和爸爸在一起的时间越长，孩子的认知能力和理解能力就越高，而且这样的孩子有自信，控制情绪的能力也很强。"

　　那些缺失了父爱的孩子，会希望通过其他途径来填补没有父爱的空白。实际上，是没有任何东西可以替代父爱的。那么，父亲的职责，或者说任务，究竟是什么呢？

父亲的职责究竟是什么

第一，在父亲的职责中，最核心的就是为孩子提供经济支持和稳定的生活环境。要想让孩子顺利长大，爸爸就必须承担起家里的经济重任。作为父亲，如果无法给孩子一个安全稳定的家庭环境，那么，就必然会带给孩子强烈的不安和恐惧。

当然，经济支持并不是父亲职责的全部。有些爸爸会因为没有时间照顾和陪伴孩子而感到自责，于是就给孩子买很多东西作为补偿。因为没有时间陪孩子，而用金钱或礼物来补偿，这种做法是不可取的。提供经济基础，与用金钱解决一切问题，是有本质区别的。

第二，爸爸必须要承担起保护孩子安全的职责。作为父亲，有责任消除任何可能威胁到家庭的危险因素，当然包括一些潜在的因素。当孩子被其他小朋友欺负或嘲笑时，爸爸也有责任解决这个问题。在家里，当孩子们之间发生矛盾时，也需要爸爸站出来"主持公道"。

第三，爸爸还应该成为孩子的人生榜样。孩子都是在学习父母的言谈举止中长大的。如果爸爸不能在孩子成长中发挥模范作用，那么，孩子就会尝试把其他人作为榜样。而当孩子的判断有误时，他（她）就可能会受到极为恶劣的影响。在孩子出现问题的时候，很多父母都会说，"都是因为交错了朋友"。孩子的确会受到来自朋友的影响，但如果换个角度想想，更深层的原因难道不是因为孩子无法以爸爸为榜样吗？

如果已经有了一个良好的榜样，那么，坏的形象就很难侵入进来了。

特别是曾经对孩子恶言相向，甚至动手殴打的爸爸，不但会给孩子留下致命的伤害，而且也绝对不会成为孩子的人生楷模。自己的人生乱七八糟，一无是处，却拼命指责孩子，这样的爸爸，是没有任何权威的。

"你不行，不要做"和"你一定行，别害怕，爸爸会帮你的"，这两句话所带来的结果，是截然不同的。对孩子来说，父亲是最重要的精神支柱之一。

如果孩子从小就与爸爸关系亲密，那么在青春期出现逆反心理时，也会愿意接受爸爸的帮助，并能因此顺利地度过这个敏感时期。

如果爸爸在家里特别专横，完全无视妈妈的存在，那么，孩子在长大以后，儿子很可能会重蹈爸爸的覆辙，而女儿则会对异性产生厌恶情绪。

有双重否定型父亲的孩子最不幸

爸爸在审视自己作为父亲的责任时，也应该同时回忆一下自己爸爸的样子。

下面的表（表2.4），就是对自己以及自己的父亲进行分类后得出来的。

表2.4　两代父亲类型表

类型	我（孩子爸爸）	我的爸爸	结果
第一类型	肯定（＋）	否定（－）	普通
第二类型	否定（－）	肯定（＋）	普通
第三类型	否定（－）	否定（－）	很糟
第四类型	肯定（＋）	肯定（＋）	很好

第一类型，自己虽然是肯定（＋）型父亲，但自己的父亲是否定（－）型父亲。

越是从小就看着父亲的否定态度长大的孩子，在自己成为父亲以后，因为不想让孩子和自己一样，越是努力做出一种相反姿态。他们"自我催眠"和自我控制的意识非常强烈。

这种类型的爸爸，虽然并不想走自己父亲的老路，但也有可能下意识地去模仿父亲的否定态度，并将这种状态扩展到自己的孩子身上。因为想把满腔的爱都给孩子，很容易演变成对孩子过度保护或者无原则的溺爱。这种表现，反而可能害了孩子。

要想发挥出父亲的肯定作用，就要经历一个改变的过程。这个过程就是，忘记自己父亲的那些否定行为，正确对待自己的孩子。如果对孩子缺乏信任，误解和矛盾就会不断升级。因此，首先父子（女）之间必须要彼此取得信任，作为父亲，既要保持父亲的尊严，也要给孩子充分的发挥空间。

第二类型，自己是否定（－）型父亲，而自己的父亲则是肯定（＋）型父亲。

虽然对自己做出否定的评价，但对自己的父亲，却表现出充分的肯定。对父亲的这种认识，说明在自己在潜意识中也存在着相同的愿望。

大多数人都不是按照计划，一步步塑造成优秀父亲的。很多人的感觉就是，孩子突然就降临了，自己的身份也突然由丈夫变成了父亲。这种类型的爸爸，会下意识地想把来自于自己父亲的那些肯定性影响传递给孩子，但是他们不知道应该怎样去做。

很多爸爸都会有这样的感觉，孩子似乎是在各种冲突矛盾中，突然一下子就长大了。而等到孩子可以自立的时候，也就该要离开自己了。此时回首孩子的成长历程，以及家庭成员之间的关系，才会发现，原来还留下了不少难以愈合的创伤。

在为孩子爸爸进行咨询的时候，我了解到，他们最苦恼的问题就是"When"和"How"。也就是说，爸爸并不知道在什么时候做，应该怎样做。

但是，这种类型的爸爸，至少能够意识到自己存在不足，并且已经做好了努力改善不足的心理和行动准备。如果让他们去"爸爸学校"这样的地方学习学习，那么，他们一定能发现一个新的自我，并因此找到幸福。

简单来看，与第一类型相比，第二类型的爸爸似乎更能为对方着想，但是他们往往给处于成长期的孩子带来混乱，有时甚至会对孩子采取无条件的放任。爸爸本来应该为孩子提供一定的方向，如果变成被孩子牵着鼻子走，就很可能让孩子失去判断力，成为只知道要求别人做出牺牲的人。

第三类型，自己是否定（－）型父亲，自己的父亲也是否定（－）型父亲。

这是四种类型中最糟糕的那一种。这种类型的父亲，自己获得的就是否定型情感，对待别人的时候，也采取否定型的情感。通常，具有这种否定型情感的人，是因为在成长过程中，对父亲的负面印象和记忆，一直留在了心里。而且，因为错过了最佳治疗时期，情况更加恶化。

虽说负面与负面相遇有可能变成正面，但是，也有可能变成双倍的负面。这种类型的父亲，虽然能够认识到自己的问题，却没有因此表现出责任意识和对子女的关心。因为对父亲存在负面想法，对社会也充满否定和偏见，把子女当作是"讨债鬼"，甚至把孩子看做是自己生活的障碍。

有些父亲对自身职责的认识，一直存在误区。他们觉得，只要挣到钱，不让孩子饿肚子，就尽到了做父亲的责任。在一些极端情况下，有些父亲甚至连这项职责也不想承担，或者把与孩子有关的一切，都推给妻子。不仅是与孩子，就是在与妻子的关系中，他们也会采取以自我为中心的态度。他们不关心家里的其他人。

这种类型的爸爸，并不认为自己的这种自私是问题，也无法理解周围的人因为自己而承受痛苦。他们不接受情感交流，甚至拒绝任何沟通。所有的事情，都会让他们陷入一种否定情绪中，这就如同一颗炸弹，说不定什么时候就会爆发。

孩子在这种环境中长大后，根本无法意识到自己的存在意义，头脑中充斥的全都是否定想法。在周围的人看来，这类人自己过得辛苦，别人也因为他们过得辛苦。而且，这类人的心理状态也难以保持健康，在看到别人受到痛苦折磨时，他们会感到一种非正常的快感。

在成长过程中，经常听到父亲对自己说："真是个废物，像你这样的人，什么也干不了！"越是听着这些话语长大的孩子，越容易变成与父亲类似的类型。因为经常被父亲灌输"你也不行，我也不行"的想法，孩子会习惯了指责和非难，对称赞反而会感到陌生。

我们经常可以听到一些极端的案例。有些人因为家庭不睦或者事业受挫，开车载着全家人冲进大海，或者要求家人和他（她）一起服药自杀。这就是出自一种"我死你也死"的共同破灭意识。

第四类型，自己是肯定（＋）型父亲，自己的父亲也是肯定（＋）型父亲。

对父亲抱有肯定印象的孩子，与那些充满了否定想法的孩子相比，会表现得更为积极进取。他们身心健康，勇于承担社会责任。

他们通过自己的爸爸，获得的是人际关系中的正面影响。当然，这些影响也会存在一些不足和错误，但错误和否定是有本质区别的。与那些富有才华但总是采取负面思考方式的人相比，拥有肯定型信念的人，即使能力略有不足，成功的几率也要高很多。这样的人在任何时候，都可以把否定转化为肯定。

这种类型的爸爸已经做好了一切准备，承担起了作为父亲的职责和作用。一个合格父亲的样子已经深深地刻在了他们的心里。

父亲是否是一个家庭的中心，也会在子女找到自我以及形成人际关系的过程中，产生重要的影响。

从现在开始，爸爸要参与到育儿中来了

在孩子发育的不同阶段，爸爸应发挥不同的作用。而爸爸所发挥的作用，常常可以决定孩子的情感调节能力。平时对孩子视若无睹，忽然有一天发现孩子已经长大了，如果这时候爸爸突然来训诫孩子，孩子肯定是不接受的。因为孩子在成长过程中，一直处于缺乏父亲教育的状态，孩子根本无法形成正确表达情感的方式。

如果要肯定地表达感情，首先家人之间必须形成亲密关系。那些无法与爸爸形成良好关系的孩子，在与同龄朋友的交往中，也往往会表现得很自私，常常以自我为中心。无论男孩还是女孩，父亲的言谈举止都会对孩子的情感发育，产生非常

重要的影响。

男孩子会把爸爸作为自己的榜样，女孩则是通过爸爸对待妈妈的方式，形成对男性的看法。如果爸爸表现出对妈妈的尊重、喜爱和呵护，女孩子长大后也会找像爸爸那样的男朋友。相反，如果爸爸对妈妈采取否定态度，轻视、不关注，甚至还使用家庭暴力，那么，女孩就会对男性产生厌恶心理，甚至把结婚看做一件可怕的事情，拒绝或回避与男性交往。

在爸爸的错误观念中，最重要的一项就是忽视和扭曲了父亲的职能和作用。有很多孩子都把爸爸看做是"只会挣钱的人"，爸爸也错误地认为挣钱就是自己的全部职责。爸爸甚至认为，教育孩子应该是妈妈的事情，如果爸爸介入进来，反而会显得很奇怪。但事实是，爸爸的教育与妈妈的疼爱并不冲突，反而可以有机地结合在一起，获得更好的效果。

孩子养育，并不是妈妈一个人的事情，爸爸也不应只是外出挣钱，回到家就只会睡觉的人。大家都该认真思考一下这个问题：爸爸和孩子在一起的时候，是否彼此都觉得对方对自己构成了负担。

缺少来自父亲的教育，会让子女产生情感扭曲，孩子甚至连自己的情绪也无法控制。许多孩子的问题，都是因为在成长过程中，父亲没有正确发挥其职能和作用而造成的。现在，是时候该认清身为人父所要承担的责任，并展开积极的训练和努力了。

06

妈妈是孩子的情感源泉

　　如果问一个孩子，"妈妈好，还是爸爸好？"开始的时候，相信每个孩子的回答都是一样的：妈妈好。不过，随着孩子逐渐长大，他（她）会根据问话人的不同意图，做出不同的回答。如果是爸爸问，孩子会说是爸爸好；而如果是妈妈问，孩子就会说妈妈更好。再后来，孩子会说爸爸和妈妈都好。当然，这只是一件小事，但由此也可以看出，孩子慢慢地可以区分和理解父母的不同职责了。

　　然而，大部分妈妈，可能更希望听到孩子说，妈妈比爸爸更好。因为，每个妈妈都认为自己对孩子付出的要比爸爸更多、更重要，并希望孩子也有这样的认识。

当然，在孩子的成长发育过程中，妈妈的作用和职责是爸爸无法取代的，特别是从出生到10岁之间，孩子几乎处处离不开妈妈。无论是多么细心慈祥的爸爸，也很难做到像妈妈那样照顾孩子。

以我个人的经验来说吧。曾经有一年，我独自带着孩子在美国生活。那段经历，也让我意识到，妈妈对孩子是多么重要。无论我多么努力，还是不能代替妈妈在孩子心中的位置。不过，无论妈妈的作用多么重要，随着孩子的成长，妈妈和爸爸要干涉的阶段和要处理的问题是不同的，妈妈也无法取代爸爸的作用。

因此，在孩子不同的成长阶段，妈妈的作用和职责也是不一样的。幼儿期、儿童期、青少年期……在不同的成长阶段里，妈妈的作用会在孩子的心里产生不同的反应。

别做让孩子无法呼吸的妈妈

妈妈和孩子的关系，是孩子一生情感的原动力。无论爸爸多么威严，妈妈则不是那样的。有时，父母的作用也会发生转化，爸爸负责养育，而妈妈代表着权威。但是，这种情况常常会给孩子造成心理上的混乱。

一直到上小学之前，孩子与妈妈都是一种绝对的关系。在自我形成的过程中，孩子要通过妈妈来满足自己的所有需要。

由此看来，这也是一种单方的关系，只有妈妈的情绪稳定，才能让孩子的情绪稳定。

情绪不稳定的妈妈中，最有代表性的就是"让孩子无法呼吸的妈妈"。

这种类型的妈妈，觉得自己所做的一切都是为了孩子，事无巨细地关注着孩子的一切。她们当然不会想到，自己的这种行为，其实已经变成了孩子成长的一个障碍。随着孩子年龄的增长，妈妈应该逐步培养孩子的自律性和独立性，如果总是代替孩子，为他（她）做这做那，就会妨碍孩子的正常成长。这类妈妈完全切断了孩子通过自己的失误来反省自己行为的机会。如此一来，本应由孩子自己去体验的困难，全部由妈妈代劳了。

这类妈妈希望为孩子行走的道路铺上地毯，以免硌到脚。如果孩子在学校受了欺负，她们会立刻给老师打电话，甚至投诉到学校或教育局。

妈妈的本意当然是好的，但这种行为对孩子的情绪和心理发育，反而会起到负面作用。可这类妈妈为什么就意识不到这一点呢？

那是因为，这类妈妈把孩子看做是自己的一部分，认为孩子与自己是不可分割的。她们希望通过孩子来满足自己的个人需求。这类妈妈多数在童年的某个特定时期，遇到过成长停滞或情感空虚的状态。她们希望通过子女，找回自己失去的童年，为自己曾经成绩不佳，不被肯定，得不到关爱的童年找到补偿。这些妈妈，会在经济上无条件地满足孩子，其实她们是为了补偿自己因为经济原因没有享受到的童年快乐。如果这类妈妈把女儿打扮得很漂亮，多半是为了弥补自己儿时因为长相不如意而没有朋友的遗憾。

尽可能给孩子提供良好的环境，让孩子获得更幸福的人生，当然不是一件坏事。但是，必须要搞清楚的是，这样做是为了孩子自己，还是出于自己被扭曲的补偿心理。

这样的妈妈，如果把孩子送到其他城市或者国外读书，就如同失去一切一样，要经历一个非常痛苦的过程。因为她们不是过自己的人生，而是在为孩子活着。

当然，一直与孩子生活在一起，这类妈妈也未必就会幸福。因为妈妈总想把孩子抓在自己的手掌心里，当孩子想脱离这种束缚时，就会无法忍受。但孩子随着年龄的增长，必然想要摆脱妈妈的过度"统治"。

最终，孩子为了要摆脱妈妈的约束，变得越来越极端，甚至变得越来越暴力。

好妈妈不是一天造就的

好妈妈不是一天造就的。一名合格的妈妈，做什么，从什么时候开始，需要做哪些准备，都会对孩子产生不同的影响。那么，妈妈应该做哪些准备呢？

首先，心态和行为上的准备是必需的。要充分理解妈妈的职责和作用，这是妈妈应该具备的基本态度。妈妈有了这种态度，才能让孩子健康、健全地成长。

　　如果怀孕的时候患上疾病，而且这种病很可能会影响到孩子，孕期检查时，及时发现了疾病的存在，一定要尽早地采取措施，进行治疗。

　　虽然，胎教以及孕妇的日常行为，都会对胎儿产生影响。但是，只要不是过度刺激的行为，一般都不会对孩子产生负面的影响。

　　如果孕妇在怀孕期间精神上不幸受到严重刺激，或者发生了类似事件，的确会对胎儿造成很大冲击。孩子出生以后，很可能也会因此出现一些心理上的异常反应。

　　最近时有这样的报道，由于孕妇吸烟、喝酒，或者服用药物导致新生儿异常，或者因为孕妇压力大而影响到胎儿。预防这些情况的发生，要从结婚之初就制定好生育计划，并为此进行充分的准备。

　　如果婚姻得到了双方父母的赞成，以及朋友的祝福，夫妻双方就会减少许多不必要的精神负担。在夫妻双方达成充分共识后，再有计划地孕育新生命，有助于减少孕妇因妊娠而带来的紧张和不安。

　　如果怀孕不是夫妻共同协商和期待的结果，而是在没有充分心理准备时出现的意外，那么对于妈妈和孩子来说，都算不上是一件幸福的事。如果妈妈因为孩子的降生而感到不幸，那么在这样情绪影响之下长大的孩子，也必然会感受到与妈妈同样的压力。如果妈妈的这种情绪一直持续存在，孩子很可能会觉得，自己就不该来到这个世界上。孩子的心理也会因此一直处于悲观和黑暗中。

妈妈的职责也随着时代而发展

随着社会的发展变化，妈妈的职责也在不断发展变化。现在，妈妈对孩子的职责已经不是单纯的照顾了，还要发挥管理的作用和职能，要赋予孩子动力，帮助孩子学会主宰人生。

当然，发挥妈妈的职责不是为了满足父母的私心，而是要站在孩子的角度，与孩子一起思考和谋划他（她）的未来人生。

再好的经纪人，也只能恪守经纪人的职责，绝对不可能代替主人公。回到我们的主题，作为父母，想要控制孩子的人生，绝对是错误的。

现在，妈妈的作用和职责也要随着时代的发展有所变化。作为妈妈，从孩子幼儿期一直到小学、初中阶段，督促孩子学习更多知识固然重要，但在性格和人格形成方面，为孩子树立人生楷模更加重要。孩子在幼儿期的行为方式完全是模仿父母的行为，父母的十句话可能都不如一个行动更有效。

当然，就像前面曾经说过的，妈妈的作用和职能会随着孩子的长大而逐渐弱化，取而代之的是爸爸的作用和职能。不过，前提是孩子具备独立行为能力。其实，这也从另一个角度说明了妈妈的重要性。

孩子可以感受到身边发生的一切。

有很多妈妈错误地认为，刚刚出生的婴儿什么也不懂。其实，孩子只是不会表达，但他（她）具有人的基本能力。

即使是小婴儿，也能够看、听、感觉和学习，并且能够对体验到的一切，按照肯定和否定进行明确区分。在感官的发育过程中，对孩子来说，最先建立的与妈妈的关系是非常重要的。与妈妈的关系是孩子学习人际交往的最直接契机，因此，这个时期从妈妈那里获得的爱，或者不满，都会成为日后孩子性格形成的最初因素。

我曾经读过美国联邦调查局（FBI）心理分析官所写的一本书。他在二十多年工作期间，接触过一些连环杀人犯，并发现了他们有一个共同点：这些冷酷的杀手犯下罪行，并不是在某一天早晨突然冲动做出的决定，这些杀手大多数都有着不幸的童年，特别是与母亲的关系极为恶劣。

不仅如此，他们大多还曾经历了过度体罚和精神摧残。曾经被关在阴冷黑暗的地下室，或者类似的地方，感受过极度恐惧。这些经历都为他们日后犯罪埋下了种子。

体罚、愤怒、暴力，这些刺激虽然只是一时的精神冲击，但是，它们导致的情绪会一直留存在"被害者"的内心，随时都有暴发的可能。

有些妈妈甚至会毫不犹豫地对孩子说出一些极端的话："当初根本就不应该把你生下来，本来想做流产的，可后来放弃了，才生了你。"如果一个孩子知道自己根本就不该来到这个世上，自己的存在没有任何意义，这样的孩子，怎么可能会感受到幸福呢？

如果想好好养育孩子，必须要付出足够的爱和信任。最好的方法之一就是经常抱抱孩子，告诉孩子，父母有多么爱他（她）。身体的接触可以给人带来最大的安全感。

如果说父亲是孩子精神上的支柱，那么母亲就该成为孩子心灵的避风港。任何时候，都能给孩子温暖的拥抱，给孩子最大的理解，是一位母亲的职责所在。

07
从哪里开始消除父母的自卑感

　　前一段时间收到一份请柬，是一位关系很好的学妹要结婚了。可几个星期后，又听说她的婚礼取消了。

　　想来她一定非常伤心，也就没有贸然与她联络。过了一段时间，终于见到了这位学妹，才了解了整个事情的原委。起因是因为婆家对嫁妆提出了过分的要求，而且在整个婚礼筹备过程中，发生了很多矛盾。于是在婚礼前一周，学妹首先向对方提出了取消婚礼的要求。一直到现在，提起在整件事情中都没有发挥任何作用的准新郎，学妹仍然感到非常失望。

　　"不管什么事，他都是先想到他的父母和他自己，从来没有站在我的立场，为我考虑过。总是让我无条件地忍耐、牺牲，怎么能跟这样的男人过一辈子呢？"

有些人，总是要求别人为他（她）做出超出正常范围的牺牲，这样的人是很难与他人建立和谐关系的。有不少恋人在即将走进婚姻殿堂的时候，因为出现矛盾而分手。在筹备婚礼的时候，双方父母经常会因为礼堂、聘礼、嫁妆等问题出现分歧，而这些矛盾的根源，还是自卑感。

深陷自卑感的父母，所关心的不是子女找到了喜欢的人，恋爱结婚并过上幸福的生活，而是这桩婚姻是赚钱的生意，还是赔本的买卖。如果对方家里准备的东西不够高档，自卑的父母就会认为"他（她）家看不起我们"。总觉得被亲家轻视，这种感觉本身不就是自卑感的体现吗？

这类父母在子女婚姻问题上，会像下围棋那样，反复盘算。"如果我这样，对方就该那样""如果我给这些，对方就该给那些"……最后，子女婚姻就变成了一桩买卖。父母的目的，也变成了怎样获得经济效益和自尊心的满足，而完全忽略了子女的人生幸福。即使子女结婚以后，这类父母的自卑感还会通过其他形式表现出来，同样的困扰仍然会不断出现。

这个问题的核心，不仅是自卑的父母，也包括自卑的准新郎或准新娘。就算知道父母的想法和行为是错误的，但作为结婚当事人，没有能力独立做出决定，没有能力解决这个问题，就说明子女本身同样充满了自卑感。

在婚礼筹备阶段表现出的自卑感，其实并不算是什么太大的问题。真正的问题，应该是婚后表现出的自卑感。

婚姻生活是具体的、琐碎的，会暴露出在恋爱时期没有表现出的一面。当然，充满自卑感，也会很快被配偶发现。

而更重要的是，夫妻的自卑感，日后可能会转嫁到孩子身上。前面列举的自卑父母的大量事例说明，其实在孩子出生之前，自卑感就已经存在于夫妻本身了。

当然，这也是很无奈的事，一个人的自卑感并不是突然产生的。由于童年时期从父母那里得到的伤害，或者因为错误的教育而产生的自卑感，常常会伴随人的一生。到青春期乃至成年以后，这种自卑感都很难消除。结婚以后，自卑感还会传递给配偶，有了孩子以后，又会传递给孩子。当然，孩子并不会走与父母完全相同的道路，但是如同遗传因子代代相传一样，自卑感也很有可能传给子孙后代。

让我们举一个具体的例子。有一对年轻的夫妇，妻子有着严重的自卑感。小时候，她没有得到父母的关爱，妈妈总是动不动就跑回娘家，说马上回来却很少守信，这让她变得不相信别人。

如果这位妻子和丈夫约好一起吃晚饭，她就会从很早开始给丈夫打电话，不停地问："你在哪儿？跟谁在一起？在做什么？"如果丈夫说正跟朋友在一起，她甚至会要求丈夫与那个朋友断交。如果丈夫没有解释就回来晚了，一场家庭大战是在所难免的。这位妻子不仅要询问丈夫每天都和谁在一起，干什么，甚至还会给丈夫的朋友们打电话进行确认。

后来，这对夫妇有了孩子。对孩子，这位妻子倾注了全部热情，或许是想把自己没有得到的爱全部都给孩子吧。不过，这位妻子对丈夫的不信任并没有因此而减少，对丈夫的监视反而更紧了。哪怕丈夫只是去和朋友聚会，她也会担心家庭因此崩溃。

当孩子长大，上学和上补习班以后，她的这种不信任又转移到了孩子身上。曾经质问丈夫的话，现在变成了质问孩子的常用语："你真的是和朋友在一起吗？你真的去补习班上课了吗？"

怀疑丈夫的妻子，开始怀疑孩子。辱骂妻子的丈夫，开始辱骂孩子。对妻子非常冷淡的丈夫，对孩子是很难亲热起来的，而曾经打过妻子的手也可能转向孩子。

由此，夫妻间的问题必然会带到孩子教育中。如果不能首先改善夫妻关系，是很难对孩子采取正确的养育态度的。如果不消除父母本身的自卑感，就想让自己的孩子拥有自信，不过是痴人说梦罢了。

摆脱自卑感纠结的七把钥匙

想要实现肯定和成功的愿望，想要证明自己的能力，都来自于人的自信心。每个人都会有这样的时期，迫切想要了解自己的价值和所具备的能力。此时如果父母能帮助孩子建立起充分的自信，那么孩子的成长过程就会更加健康和幸福。

如果不想错过孩子的这个关键成长期，想要给孩子正确的教导，父母首先就要确保自己拥有自信。自信是一种能力，只有有能力的人，才能与别人分享这种力量。如果父母自己就没有自信，那孩子从哪里获取这种正面的力量呢？

在第三章中，我要告诉大家的是摆脱自卑感的方法。怎样脱离自卑感，发挥父母的职责，解决与孩子的矛盾……对于这些问题，都可以在本章中找到答案。

如果不能正确发挥父母的职责，
反而会成为孩子成长的障碍。

01
第一把钥匙：确立父母的职责

"有你这么当爸爸的吗？"

"我也没见过你这样当妈的！"

这是夫妻吵架时经常出现的片段。那么，父母该做的事情到底是什么呢？虽然说起来简单，但又有多少父母能真正明白自己的职责呢？

"父母的责任，不就是尽力给孩子做好后盾，让孩子能取得更好的学习成绩吗？"

说这话的是正勋的妈妈。正勋的成绩在学校里总是数一数二。那么，真的像正勋妈妈所说的那样，她的确已经将妈妈的职责发挥得很好了吗？

正勋自己却有着不同的看法。

"妈妈做的也没什么特别，难道那不是她应该做的吗？"

在正勋看来，妈妈不过就是每天早上开车送他上学，晚上送他去上补习班，为他准备点心的那个人。至于其他的事情，正勋甚至不会想到妈妈。关于考哪所大学，他会和老师商量，未来的生活道路，他会和朋友讨论。

和妈妈分享的话题，就是要钱买练习册和零食，还有"把我的运动鞋刷干净""几点叫我起床"之类的事情。

妈妈认为，自己所做的一切为儿子提供了最坚强的后盾。事实也是这样，如果没有妈妈的这些努力，正勋根本无法心无旁骛地专心学习。但问题是，正勋并没有意识到这一点。不仅是没有意识到，他根本就不想去了解。

"妈妈不送我也行，每次都是她非要送我，我才坐她车的。她会一直在旁边跟你唠叨，能把人都烦死了。"

对于成绩好的孩子，父母总是给出很多赞美，而对于没有达成父母意愿的孩子，父母则表示失望："为什么我的孩子这么差？"然后，父母会由此一直联想到孩子"悲惨"的未来，"在学校就是落后生，总是被别人欺负，以后到了社会上，肯定也是碌碌无为，不会有什么出息，说不定还要处处受人排挤……"一直到孩子长大成人，父母都会过着一种备受煎熬的生活。但是，像正勋这样的孩子，在进入大学以后，与妈妈的距离就会越来越远，甚至会像火星和金星那样。虽然现在正勋处处依赖妈妈，但他不以为然，在进入大学以后，他会觉得如同解放了一般。

随着岁月的流逝，或许有一天，正勋妈妈会因为对儿子倾注了过多时间而感到后悔。没空约朋友见面，每天只是往返于孩子的学校和补习班。为了不妨碍孩子学习，甚至连电视剧都没有好好看过一集，就连从孩子房间门口经过时，都要屏住呼吸，踮起脚尖。

如果不能正确发挥父母的职责，反而会成为孩子成长的障碍。虽然正勋不喜欢妈妈这种样子，但在日后选择伴侣时，他很可能会希望选择一位像妈妈那样总是跟在自己身边，为自己无条件奉献一切的人。

但现实又是怎样的呢？正勋遇到的伴侣，很有可能也是与他有着相同生活经历的人。那么，这样的两个年轻人到一起，只会相互向对方提出要求，并不知道怎样付出，最终只能导致婚姻生活的破裂。

那么，父母真正的职责到底是什么呢？父母怎样做，才会让孩子觉得，"我也应该像爸爸妈妈那样生活"呢？

孩子的精神骨骼是在父母教导下形成的

父母的教导，是孩子在接受学校教育之前，决定其人格特性的基准。父母教什么，怎样教，都将决定孩子思考的方式，并在孩子日后的学校生活中发挥重要作用。

对人生的畅想，对异性的态度，以及对自我的认知，所有这些，都是通过父母的教导形成的。如果没有教给孩子正确的东西，只一味地对孩子强调父母的贪心，必然会扭曲孩子的思考方式，而且以后很难完全纠正过来。

学校教育，如同往家庭教育形成的大框架里填充知识，往往不能改变框架本身。孩子的精神骨骼是在父母的教导下形成的。比如，室内空间的不同摆设会给人带来不同的感觉，但房子的结构没有因此发生改变。同样，孩子的精神结构也是很难改变的。由此，家庭教育的重要性可见一斑。

父母应该让孩子感受到平衡与和谐

现在有些高中生对任何事情都不屑一顾，这让他们的父母感到很头痛。很多父母都问过孩子这样的问题："为什么你对什么事都那么不在乎呢？"可是，在把这个问题抛给孩子之前，父母应该首先检查一下，孩子的这种态度是否来源于自己呢？

大部分父母会用孩子"交错了朋友"来解释这一切，但他们往往忽略了，真正的问题很可能就是父母引起的。如果要让孩子能够客观、肯定地思考问题，那么父母首先要做出表率。另外，还有一个问题，在父母双方均健全的家庭里，如果只有妈妈或爸爸一人全盘承担起孩子的教育，而另一人对孩子的事情不闻不问，也会造成孩子出现人格缺陷与失衡。

在《我的孩子变了》这档电视节目中，我们可以看到这样一种现象，大部分父亲对孩子都是采取完全放任的态度。如果爸爸每天下班回到家，不是玩游戏就是睡大觉，孩子怎么可能从这样的爸爸那里学到平衡与和谐？如果父亲这个角色本身出现了问题，就会导致孩子的教育出现像偏食一样的问题。偏食会造成营养不均衡，同样，教育上出现偏食，孩子看待人生的视角也可能变得狭隘。

父母应该努力开启孩子的潜能

有三把钥匙可以培养孩子的潜能。第一把钥匙是父母，第二把钥匙是老师，最后一把钥匙，就是孩子自己。

通过父母这把钥匙，把孩子身上隐藏的潜能开启出来，不仅是父母的义务，也是父母的职责。父母把孩子潜能开启以后，老师再进行进一步开发，最后，再由孩子本人对潜能去加以利用。

在这个成长链条里，最重要的就是父母这把钥匙，它是所有钥匙的出发点。如果在孩子最初的成长过程中，父母没能发掘孩子隐藏的潜能，以后孩子自己对自身的潜能是很难有所发挥的。而孩子要想拥有理想的人生，就要花费更长的时间了。

更有甚者，有些父母不仅没有开启，反而扼杀了孩子的潜能。虽然孩子在歌唱方面表现出了才华，但有为数不少的父母会这样说："你长大以后要当医生，不许再唱歌了"。

学习成绩没有达到父母期望的水平，并不代表这个孩子的未来就一片黯淡。孩子的成功，要靠父母开启其潜能，帮助孩子找到适合的领域，为日后孩子自己在那个领域有所建树奠定基础。

只有父母幸福，孩子才能幸福；
只有父母成长了，孩子才会成长。

02

第二把钥匙：父母要有自己的人生目标

每次公布重要考试成绩的时候，来进行心理咨询的人就会增多。可能是父母在心理上，也在与孩子一起参加这场考试吧。其中，尤以因子女高考落榜而发生忧郁症的父母居多。在韩国，大部分人都会以子女考上名牌大学而自认为是成功父母。有人甚至会因为孩子高考落榜连朋友聚会都羞于参加。每次遇到这样的父母，我都会问一句同样的话："孩子是股票吗？"

每次股市下跌几近崩溃时，很多人会因此受到致命打击，患上忧郁症，严重者甚至选择自杀。回到正题，落榜的是孩子，患忧郁症的却是父母，这就如同在一场赌博中，父母把赌注全都押在孩子身上一样。因为父母的人生全都维系在了孩子的人生上，每当孩子的人生出现动荡时，父母也会一起发生动荡。

即使是站在孩子的立场上，这样的父母也是令人不快的。

没有目标的父母，会把全部人生都寄托在孩子身上

有种说法，或许有些过分，但我还是要说，与孩子的人生同生共死的父母，无论他们的生理年龄是多大，他们的心理年龄都已经衰老。没有了自己的人生，与心理的死亡几乎没有区别。

有很多父母，特别是母亲，都很坦然地认为，把孩子养育大，看着他们结婚生子，就是自己的人生目标。因为确立了这样的人生目标，在实现这一目标以后，空虚感也会紧随而来。因为到那个时候，这些父母就会明白，没有什么是真正属于自己的。

有了儿媳或女婿的喜悦并没能弥补"失去"儿子或女儿的失落感，妈妈们认为目标并没有完成，并悄悄地改变了方向。她们开始猛烈地干涉子女的生活，甚至所说的话也都如出一辙。

"我还以为，你结婚以后我就可以什么都不用管了，可看你们现在的样子，我不管根本不行。"其实，妈妈们这样做并不是在为子女考虑，而是因为自己的人生在子女成家后变得空虚。然而，干涉子女的人生并不能充实自己的人生，只会扰乱子女的生活。

抛弃自卑，寻找梦想

要想找到自己的人生目标，首先要做的就是发现自我价值。我们的社会普遍认为，40岁以后，人生就已经确定了，几乎没有突破现状的可能性和希望了。其实，即使到了五六十岁以后，依然可以充分展示自己丰富的人生。但是很多人选择了放弃，原因就在于他们无法克服对于人生的挫败感，或者说自卑感。

为了寻找属于自己的人生目标，要想把藏在抽屉深处的梦想再次拿出来，必须要先抛掉扎根于内心深处的自卑感。如果能够抛掉那种认为自己一无是处的自卑感，抛掉那种认为人生已经无法改变的自卑感，无论现在处于何种状态，都可以重新确定目标，拥有梦想。

有两位50多岁的男性，在同一天获得了公寓警卫的工作。两人都是刚刚从之前工作的公司退休。有一位从第一天上班开始，就充满热情，立志要努力工作，成为最好的警卫。另一位的想法却是在这个岗位上得过且过，整天想的都是"曾经在大公司上班，如今怎么落到这个地步。"

几年以后，这两个人变成了什么样呢？那位想成为最好警卫的先生，被住在那间公寓的一位社长看中，调他去了另一所公寓担任警卫主管。那位得过且过的先生，连这份警卫工作也没保住，很快就被解雇了。

其实，很多事情与年龄并没有直接关系。能够认识到自我价值的人，他（她）的人生永远充满活力；而过早否认自身存在价值的人，会快速变老。

那些想要找到人生目标，让人生充满活力的父母，可以参考下面的做法。

● 充分发挥父母的作用和职责。

● 不要把子女与自己一体化，不要把子女的人生目标当作自己的人生目标。

● 找到真正属于自己的人生目标。孩子顺利成长和成家立业，并不是父母的人生目标。思考一下自己真正想做的事情是什么，自己的梦想是什么。

每个人都应该有梦想，那些觉得自己没有梦想的人，其实只是把梦想淡忘了而已。如果继续这样生活下去，梦想就会真的消失不见了。找到并把它发掘出来，梦想就可能会变成现实。

或许你很想说："都这个岁数了，我还能做什么？"但你要知道，追求自己的梦想，既是为了自己，也是为了孩子。要想让孩子长大后成为一个独立、自律、有理想的人，那么父母自己首先就要成为这样的人。

父母的自卑感无遗会成为子女的负担，甚至最终断送掉子女的人生。如果父母拥有自己的人生目标和梦想，并且为之奋斗，则子女也将勇于接受挑战，最终也令自己的人生绽放光芒。

请将教育费用的10%投给父母自身

有些父母会很自豪地说，他们把客厅改造成了孩子的书房。走进去看看，几乎全都是孩子的书，而父母自己的书可能不超过10本。在父母不读书的家庭里，孩子怎么可能真的爱读书？

我经常这样对前来咨询的父母们说："请把子女的教育费用抽取10%，投到自己身上。如果给孩子花1000元去上补习班，那么父母自己就要买100元的书来看。"

父母勒紧裤带，把钱全部用于孩子的教育上，却疏忽了对自身的充实，最后孩子成功带来的喜悦，一定会被中年空虚感所打败。其实，只有父母幸福，孩子才能幸福；只有父母成长了，孩子才会成长。

比给孩子买一本好书更重要的是，父母自己先读书。如果父母不爱看书学习，思考能力会越来越差，视野也越来越窄，最终，与孩子共同语言会越来越少，与孩子的对话可能会无法展开。

"我不行，但你应该行"的意识，早就应该抛弃了。父母就是孩子最好的镜子，努力让这面镜子越来越亮，才是父母的明智做法。

父母的否定性人生观也会原样传
给孩子。

03 第三把钥匙：摒弃否定的想法和行为

有的人一走进餐馆，打开菜单就会说："菜单上的东西怎么这么少？"走进茶馆，这种人也是一样会说："这地方怎么这么小，怎么这么吵？"

有些人无论去到哪里，无论见到谁，眼睛总是先看到否定的东西，并立刻说出来。其实，他们几乎是下意识地说出了自己心里的想法。因为，否定的思考方式，否定的语言和行动，对他们来说已经成为了一种习惯。

而对于同样的状况，习惯肯定性思考方式的人会说，"菜式虽然不多，不过这些菜看起来好像很好吃""这家茶馆很雅致，这种热烈的气氛真棒"。相同的风景，随着看风景人的心情不同，看到的结果可能截然不同。

否定性态度更容易传给孩子

对任何事都抱否定态度的父母，当孩子出现问题时，绝对不会反省自身的原因。他们会认为，自己很优秀，但孩子不争气，或者是由于孩子继承了配偶的一些坏毛病，才变成了这样。

子女会从父母那里继承看问题的角度和观点。如果父母拥有肯定、积极的人生观，孩子也会持相同的态度。同样，父母的否定性人生观也会原样传给孩子。而且，因为否定的东西要比肯定的东西遗传性更强，所以孩子的否定性也会比父母表现得更加突出。这可能最终导致孩子会因此而成为饱受痛苦的人。

下面我们就来了解一下，父母的哪些想法和行为会破坏孩子的心态，并且会影响孩子的人生。

抛弃这些，才能摆脱自卑感

1. 认为孩子是人生的包袱

有些父母认为孩子是自己人生的绊脚石，甚至后悔生下孩子。这样的想法，即使没有通过语言表达出来，也依然可以通过其他方式传达给孩子。它包含在注视孩子的眼神中，对待孩子的态度上，甚至是父母对待自己人生的方式里。

有些父母在心情不好时，会在孩子面前毫不掩饰地说出这种想法。

"自打有了你，我的生活就变得一团糟""都是因为你，我现在什么都没有了"，听着这些话长大的孩子，可能会一生都生活在绝望之中。

即便为孩子确实付出很多，有时觉得很辛苦，也应该把这当作一种快乐。只有这样，才能维护孩子的自尊心。如果父母坚信，随着孩子的长大，自己的人生也会越来越美好，眼前的艰难困苦都是可以克服的，那么，他们就会在正面的心态下把孩子抚养长大。相反，如果总认为孩子是自己人生的包袱，那么，孩子或许就会真的成为一个包袱，最终自己的人生也会因为这个"包袱"而愈来愈艰难。

如果以自卑的心态看待孩子养育问题，那么父母很容易就会陷入到无法摆脱的泥沼中。无论孩子做什么，这样的父母都会不以为然，并对孩子表现出漠视的态度，甚至认为孩子是自己人生的负担。

2. 过激和暴力的行为

在那些有过激和暴力行为的孩子背后，多半也存在有同样行为方式的父母。当然，作为成年人，一般不会对外轻易表现出这种行为倾向。但是，通过孩子是很容易了解到父母的真实状况的。

"爸爸妈妈只要一吵架，就会把家里砸得乱七八糟""生气的时候，他们会动手打对方"，这些都是我在咨询过程中，从孩子们那里听到的。

父母的暴力行为，会通过某种形式传递给孩子。假如妈妈在怀孕期间承受了巨大压力，怀有极度愤怒的情绪，那么孩子即使是刚刚出生，也会表现得非常敏感，总是发脾气或者哭闹。

即使是还不会说话的小婴儿，看到父母争吵甚至动手，那种暴力的氛围也会下意识地留存在记忆中，日后会不知不觉地表现出来。这样的孩子，很容易这样认为，在幼儿园或者学校欺负弱小同学是应该的，并且很可能在结婚以后，再现父母当年的样子。

父母们都应该明白，目击了父母吵闹场面的子女，所感受到的那种无助感是多么巨大。在这种恐怖的气氛下，自己什么也做不了的无助感，会直接演变成自卑感。孩子就是通过父母的争吵，而接收到那种极端的自卑感的。

3. 否定的语言或辱骂

请各位父母不妨思考一下，平时经常对孩子说的话中，是肯定性的多一些，还是否定性的多一些？据研究发现，如果一个人总是对自己说，自己像个傻瓜，那么他（她）就会真的感觉自己是个傻瓜。如果夫妻之间经常随口说："你真没脑子"，那么，随着时间的推移，对方就会真的做出更多没脑子的举动。

成年人尚且如此，孩子就更是这样了。每一位父母都应该认真思考一下，平时指出孩子的错误时，下意识地说出的话中，到底包含了哪些意思。因为对孩子来说，父母的话语可能成为箴言，也可能会成为诅咒。孩子往往会真的按照父母的话去塑造自己。如果父母经常骂孩子是个懒鬼，孩子很可能会真的变成懒鬼；如果总说孩子学习成绩差，孩子可能会真的成为班里的倒数第一。父母的自卑感越严重，对于孩子的这种否定性语言或辱骂也必然会越严重。因为自卑的父母无法正视孩子的努力，他们早早就断言孩子是个失败者。孩子的成长，就是在一张白纸上绘画，父母必须发挥看不见的背景作用，如果只会说"你不行，你画不好，你别画了"，那么孩子在动笔之前，就很可能先被这些话语击垮了。

4. 咬住不放的习惯

在与他人的关系中，对于一些其实无关紧要的事情，却总是咬住不放，这样的习惯会破坏掉双方的关系，并且让自己感到很疲惫。特别是孩子犯了错的时候，一味地揪住这个错误不放，很可能会对孩子的心灵造成致命伤害。

因为孩子抽了一次烟，就每天翻他（她）的书包，无论谈到什么，最后都会归结到这个问题上，这样的做法会把孩子逼到神经质的地步。

这种执拗，最终不仅会让孩子，也会让父母自己处于崩溃状态。如果一直纠结于一些小事无法摆脱出来，那么父母最终会变得疲惫不堪。

像这样有自卑感的父母，因为总想在别人面前表现出自己的实力，或者表现得特别优越，无论孩子做什么，他们都会咬住不放，直到胜利为止。作为父母，他们甚至想要战胜自己的孩子，就是因为无法忍受自己落后于他人。另外，这样的父母认为，自己具备不输给任何人的能力，在所有事情上都可以挫败对方的锐气。即使是在父母、兄弟之间，他们也决不服输。这样的人，在战胜了那些比自己稍强一点的人以后，会感受到极大的喜悦。而这，也恰恰代表他们悲剧的人生。

5. 不良的兴趣

父母的一些不良兴趣，不仅会破坏自己的人生，对孩子的人生也会产生严重的不良影响。我们经常会看到这样的情况，起初只是随便玩玩纸牌、赌马，但到最后却演变成了金额巨大的赌博，并让全家一起遭受折磨。

这样的父母，甚至连维持家庭正常运转都很困难，孩子也很有可能因为父母陷入到这些危险的游戏中。

只要是容易让人上瘾的事情，无论是什么，都不存在教育意义。无论多美妙的事，都应该适可而止地去享受，时间到了，就要把兴趣转回到正常工作中。这样的生活方式才是正确的。

我曾经遇到过带孩子一起去赛马场的父母，他们美其名曰，这是一项周末的体验活动。他们觉得，赛马不是赌博，而只是一项趣味活动，完全可以带孩子一起参与。这种想法本身就是危险的开始。开始时，或许的确是一项单纯游戏，但是随着时间的推移，会很快演变成一种无法摆脱掉自卑感的活动。作为兴趣活动，如果像吸毒一样让人上了瘾，情况就会越来越糟糕，甚至会让人真的沉迷进一种非现实的虚幻之中。

6. 对于男女的差别意识

对男女采取差别对待的方式，也是一种坏习惯，但很多人却对此浑然不知。如果爸爸当着孩子的面，指责妈妈说："女人真是没用"，那么爸爸一定要记住，这样的话会让男孩子学会鄙视女性，让女孩子产生受害意识。

在如今的社会中，很多家庭都曾经经历过夫妻关系的危机，追究其原因会发现，很多都是因为夫妻相互不尊重而引发的。之所以会出现夫妻彼此不尊重，大多都是因为在其成长过程中，没有遇到有幸福夫妻关系的长辈作榜样。从小时候开始，这种人就认为，对家人冷漠、不关心都是正常的。不少孩子长大后有一天悄悄审视自己时，会突然发现自己身上有爸爸妈妈的影子。小时候对父母不理解甚至讨厌，长大后却继承了他们的样子。不过，如果有一天能认识到这一点，并从自己的身上发现问题，那还是有希望的，因为可以从这种反省中开始新的人生。

爸爸对待妈妈的态度，妈妈对待爸爸的态度，如果能略微做些改变，子女就可以从父母关系中找到希望。

7. 对人充满怀疑

没有什么比和总是充满怀疑的父母生活在一起更痛苦的事了。这种怀疑，不知道什么时候就会蔓延到孩子身上。父母如果一直对别人采取不信任的态度，是很难展开正常社会生活的，他们可能会在人际交往中被孤立，度过不幸的人生。而在这样的父母身边长大的孩子，也很可能会沿袭父母的样子，同样承受孤独和不幸的人生。爸爸妈妈之间相互信任，这本身就是对孩子的最好教育。父母之间越是相互信任，父母与子女之间的信任也就越牢固。而父母与子女之间的这种信任感，随着孩子长大成人，会扩展到子女与他人以及整个社会生活中。

8. 不良习惯

坏习惯会一点点蚕食掉父母的人生，也会影响孩子的未来。即使是一些看似无所谓的小习惯，对于沿袭了这种习惯的孩子来说，影响也是巨大的。

比如，有些父母总是让家里的电视机开着，即使睡觉的时候也不关。或许他们觉得，这只是一种习惯而已。但是，一直生活在这种环境里的孩子，会因为无时无刻都存在的电视噪音和炫目的画面，无法保持平静的心情，也无法将精力集中在学习上。

要想纠正或减少孩子的坏习惯，父母首先要检查自己是否也有类似的习惯。可以把一天的活动都写下来，再用客观的态度去检查。如果发现自己总是一天天地看电视，就说明内心隐藏着想要逃避现实的情绪以及对未来生活有负担感，甚至还存在着对他人莫名的愤怒等。

还有一件事也很有必要说一下，那就是要用好习惯来代替坏习惯。比如，可以用外出散步来代替看电视。坏习惯是不可能一次就纠正过来的，但是只要肯付出努力，还是完全可以改变的。

夫妻关系是父母与子女关系的
前奏。

04 第四把钥匙：从改善夫妻关系开始

　　有些夫妻表面上看非常和睦，但是当他们需要为子女问题伤脑筋时，夫妻之间就会出现一些外人察觉不到的问题。

　　前面也曾经说过，这是因为夫妻关系是父母与子女关系的前奏。如果夫妻关系是否定的，那么父母与子女的关系也必定会出现问题。如果夫妻二人彼此相爱，彼此关心，他们的孩子也会共同享受到这种充满信任与爱的生活。可如果夫妻之间的不和谐声音越来越多，父母与孩子之间也同样会受到影响，甚至连孩子之间的关系也会变糟。

　　夫妻是家庭的基础，夫妻的问题会直接变成家庭的问题。夫妻关系的崩溃，就是家庭的崩溃，它甚至会波及孩子的人生。

　　可是，即使是为改善孩子问题倾注全部力量的妈妈，在解决自己与丈夫关系时，也往往不知道该付出怎样的努力。

对问题放任不管的夫妻关系，如同癌症一样危险。癌症之所以可怕，是因为它很难在早期被发现，当医生可以做出明确诊断时，情况往往已经到了比较严重的地步。夫妻关系也是如此。

所有的疾病都会表现出某些症状，但人们往往会忽视这些症状，直到情况变成无可救药时才引起重视。夫妻关系也是一样，往往是因为夫妻双方无视一些小矛盾，最终导致关系破裂。

夫妻之间的问题虽然家家各不相同，不过，大多都具有以下几个特点。

夫妻之间没有交流

一个家庭，如果有个一进家门就开始发脾气的丈夫，那么，妻子和孩子的处境可想而知。这样的丈夫，如果在公司处于中层位置，那么他的部下也会经历相同的折磨。越是自卑感强烈的人，越会在小事上特别计较。他们嫉妒心强，牢骚满腹。因为觉得自己很卑微，而且缺乏能力，这样的人反而总想发出更大的声音，去指挥别人。这类人一般听不进别人的话。特别是那些对自己的学历、职业等存在自卑感的人，尤其想要在属于自己的小环境里，特别是家庭中取得主导地位。如果身边有这样的丈夫，妻子应该怎么去解决问题呢？第一步就是努力展开"交流"。这看似简单，其实很难。越是自卑感强烈的丈夫，在妻子面前越会觉得"你看不起我"。对这样的人，先缓和气氛，然后再引导他展开对话，是最有效的方法。

能够通过对话来解决问题的夫妻关系才是健康的。出现矛盾以后，固执己见，最终要通过"最后通牒"来解决问题的夫妻关系，是最危险的。不开展对话，表面看没有激化矛盾，实际上，更深的矛盾已经渗入其中了。处理夫妻关系的问题时，必须要彼此消除戒备，坦率地说出自己的感情，构筑一种信任的氛围。因为没有对话，夫妻两人可能不会同睡一个房间，不会面对面吃饭，不会一起散步。家里没有值得高兴的事情，甚至没有争吵，总是弥漫着令人窒息的沉默。在这样冷冰冰的气氛中，孩子会感觉到极度紧张和恐惧。

夫妻之间停止了对话，代表着彼此已经不存在想要改善关系的意愿了。这样真的非常危险。

夫妻之间没有性生活

无论多晚下班都会先去健身中心健身，然后再回家，可到家总是以太累为由，倒头就睡的丈夫，为数不少。当然，不爱运动，对性生活也没兴趣的丈夫，可能就更多了。

随着结婚时间越来越长，夫妻之间的性生活次数也会随之减少。如果对于性生活次数的减少，夫妻之间能够达成共识，那也没有关系。但是，如果总是一方采取拒绝态度，问题就严重了。其实，与没有性生活带来的不满相比，配偶的冷漠才是更加让人难以忍受的事情。

性生活是表达夫妻之爱的重要形式之一。有时候，正处于矛盾之中的夫妻双方，甚至可能因为一次性生活让关系得到改善。所以，性生活对于夫妻双方来说，都是非常重要的事情。

"如果想要获得，就一定要失去"，这句话同样可以应用在夫妻关系之中。要想维持健康的性生活，就要减少饮酒和繁重的工作，还要减少在外面与朋友聚会的时间。为了妻子或者丈夫，能像对待工作那样对待性生活，才是明智的选择。

重塑夫妻关系的方法

房子住久了重新装修一下，就好像搬进新家一样。同样，如果能重新塑造夫妻关系，也会如同回到了恋爱或新婚时期一样甜蜜。

下面就是重塑夫妻关系的一些方法。

1. 重塑健康的身体

只有自己幸福，夫妻关系才能正常。健康的身体，是开启幸福之门的钥匙。身体健康了，心态也就变健康了；身体健康了，外貌也会容光焕发。很多夫妻，会因为外貌的变化而导致感情出现问题。所以，每个人都应该努力保持健康，它能使人富有魅力。这并不是说一定要刻意做出什么改变，而是说为了要找回健康的身体，重塑夫妻关系，采取积极行动。抱着这样的心态，或许效果会更好。

2. 重塑夫妻间的相互关心

夫妻之间是一种相互关爱、相互照顾的关系。但随着婚姻生活的延续，这种相互关心却在慢慢消失。如果不能找回这种关心，是无法展开真正的夫妻关系重塑的。

找回相互关心的方法，要从一些小事做起。首先，可以试着关注一下配偶今天穿了什么衣服，哪怕只是关心一下对方喜欢的服装样式，都可能会收到很好的效果。

或者，丈夫可以在家里穿上以前的旧衣服，回忆一下家人对自己的照顾。看到以前喜欢的图案和款式，或许可以借此回忆起妻子年轻时的可爱模样。而作为妻子也是一样的，尝试着关心一下丈夫喜欢哪些运动，在公司的工作是不是很辛苦。当然，这种关心并不一定需要对方的回答，更不需要去干涉对方。

"你今天的发型显得很年轻""你还是更适合穿蓝色的衣服"，就是这样短短的一句话，已经足以表达你对对方的关心了。

3. 重塑价值观

价值观，不仅关系着相互之间的爱，还代表要尊重对方。

不认同对方的有些价值观，因为在恋爱时没有发现，婚后感觉受了欺骗，以及相互之间对某些事件存在分歧的看法，都属于需要重塑价值观的范围。不同的看法，会在婚姻生活中埋下矛盾的种子。如果一直没有消除这颗种子，现在就要勇敢地把它放进重塑行动的菜单中。每个人的存在都是有价值的，同样，每个人也都希望，自己对于配偶来说是有价值的。

比如，丈夫的大男子主义，让妻子饱受痛苦。那么，首先"大男子主义"这个词本身就需要重塑，可以考虑换成其他的说法，例如转化成男人的责任感、男子气等。

在了解了对方以后，不要试图去改变对方，而应努力去接受对方与自己的差异。可以试着去享受因为差别而带来的丰富性，而不是纠结于因为差别而产生的矛盾。

4. 重塑因信仰不同引起的矛盾

生活在一个屋檐下，持有不同的宗教信仰，也是诱发夫妻矛盾的重要因素之一。而且，宗教观的差别，其对立程度要比其他方面的差异更加严重。当丈夫和妻子持不同宗教信仰时，两个人在生活中很可能会出现这种情况，在外工作或进行宗教活动时，各自拥有充实的生活，回到家里以后夫妻双方却相互中伤。

有时候，还会因为是做祭祀还是做礼拜的争执，把家里弄得人仰马翻。这时候，就需要通过重塑，摸索出一个相互尊重对方宗教观的合理方案。其中最重要的，就是彼此要付出更多的爱。双方都要明白，信仰的不同并不代表着夫妻关系的分裂和崩溃。如果能够肯定并接受对方的宗教信仰，那么，夫妻和谐共存就不是什么难事了。

5. 重塑因性格差异引起的矛盾

要想维持和睦的夫妻关系，需要重塑各种要素，其中最难的可能就是性格问题了。身体的健康可以通过运动、合理饮食来获得，重塑彼此的关系和价值观，也能通过付出努力来实现。

但是，重塑性格，就不那么容易了。幸好我们并不是要去改变性格本身，只是要解决那些因为性格差异而产生的矛盾。

如果之前总是将因性格差异导致的问题表现为夫妻矛盾，那么现在可以考虑用其他方式将这些问题表达出来。这里所说的其他方式有很多种，包括接受对方的性格，不强调自己的性格，必须解决的问题拜托第三方，等等。想从此完全回避了矛盾是很困难的，但是找到解决矛盾的方法还是比较容易的。

这里的核心要素是，不要试图去改造对方，而应该努力反省和改善自我。这样一来，对方也会自然而然地进行自我审视，发现并解决问题。

重塑，并不是要改变家庭结构，而是要为家庭赋予另一种色彩，对家庭进行部分修正，让它看上去更美好。想从根本上改变对方，实际上是一种很愚蠢的想法。彼此理解，彼此接受，在维持目前结构不变的情况下，做出最大程度的努力，才是最好的重塑。

05

第五把钥匙：与孩子平等对话

"平时和孩子沟通多吗？"

每当我这样问父母们的时候，小学生家长一般会立刻充满自信地回答，"当然了"。但是，初中生和高中生的父母却大多无奈地摇头，给出否定的回答。

乍一看，似乎小学时还很喜欢与父母沟通的孩子，上了初中或高中以后就基本闭上嘴巴了。

偶然遇到一位很喜欢聊天的小学生，我问他，"平时经常和爸爸妈妈聊天吗？"他的头摇得像个拨浪鼓一样。

"爸爸就只会骂我""妈妈总是没完没了地唠叨"，这可能是很多孩子都会做出的回答。

关于这个问题，真实情况是这样的。父母自认为已经和孩子沟通了，但孩子并不这样想。对孩子来说，那其实并不是沟通，只是父母单方面的指责和唠叨而已。

小学阶段，孩子还没有能力阻止父母的言语，所以只能乖乖地听着。这时候，父母往往认为，已经与孩子进行了充分沟通和对话。上了初中以后，孩子开始有能力表达自己的想法了。父母说话的时候，他们会皱眉或者表现出厌烦的样子。到了高中，孩子就干脆丢下正唠叨得带劲儿的父母，躲进自己的房间去。

由此可见，从一开始孩子就不曾与父母有过真正的沟通。父母所谓的沟通，也只是父母的一厢情愿罢了。

"吃饭了吗？"

"吃了。"

"辅导老师几点来？"

"6点。"

"你怎么总是不听妈妈的话？非要那样做呢？"

"对不起，妈妈。"

这种形式的提问与回答并不是沟通。沟通，应该是两个人分别主动说出自己的想法，并听取对方的想法，就好像打乒乓球一样，你来我往。而一方说出想法，另一方对此做出最简短的回答根本算不上沟通。

沟通是家庭关系的根本，也是家庭生活的核心。没有沟通的家庭，只是罩了一层家庭外衣而已。父母必须努力与孩子展开有效的沟通。

要耐心听孩子把话说完

沟通，最重要的就是要善于倾听。在我所从事的咨询工作中，最重要的也是要善于倾听。来倾诉苦闷的咨询者们，大部分人需要的是有人好好地听他们说话。相同的话，在不同的人听来，其价值也是不一样的。

可是，大多数人更善于"说"，而不是"听"，特别是很多父母，都是"说"的能手。在咨询中，我很少遇到能够耐心听孩子把话说完的父母。之所以会出现这种情况，是因为父母想对孩子说的话实在是太多了。在平时生活中，常常是孩子说一句，父母要说两三句或更多。

虽然有些父母也会说，"好吧，你想说什么尽管说吧"，可是孩子还没说几分钟，他们就忍受不了了，"等等，不是那样的"。就这样打断孩子，并且自己开始说起来。

父母常常无法了解孩子的真实想法，因为他们根本没有耐心去倾听孩子说话。

即使是五六岁的孩子，也在一定程度上具备了判断和解决问题的能力。

如果父母想要帮助孩子独立做出决定并采取行动，就必须耐心地等孩子把话说完。只有听孩子把话说完，才能了解孩子的真正意图。

"现在去还是不去？"

"去就去吧……不过……"

孩子常常这样说话，这时候如果妈妈立刻说，"去的话，现在就出发"，孩子就再也说不出什么了，只能是一边跟在妈妈身后，一边流眼泪。

看到孩子这个样子，妈妈可能还会很纳闷，"不是你说要去的吗？为什么还哭呢？"面对妈妈的质问，孩子只会感到更害怕，什么也不敢说，只是继续哭。

当孩子说"不过……"的时候，如果妈妈能稍微多等一会儿，听听孩子后面要说的话，或许就不会出现上面的情况了。听孩子说话，不但要听孩子把话说完，还要注意，不是从父母的角度去听，而应该从孩子的角度去听。

听孩子说话时的注意事项

- 一旦开始听，就要坚持听完。
- 一边听，一边思考解决方法。
- 在孩子表达不清或者扭曲了事实的时候，可以适当插话。
- 做好倾听的心理准备，努力去了解孩子想要表达的意思。
- 抛弃先入为主和固有的观念，带着"清零"的心态去倾听。
- 不能只听想听的内容。

不要把沟通变成父母一方的演讲

认真听孩子把话说完以后，下一步就轮到父母对孩子说了。父母的话，常常能成为孩子人生发生变化的拐点。当然，如果孩子根本不理会父母的话，那就没任何意义了。不过，对于父母的话，大部分孩子还是会认真聆听的。

从孩子降临到这个世界开始，父母的话就发挥着巨大的力量。因此，父母在对孩子说话时，每一句都要特别慎重。

首先，也是最基本的，就是在与孩子的交流中，尽量使用肯定的表达方式。孩子正为成绩下降而苦恼时，如果一定要与他（她）交流这件事，那最好能这样说，"如果你再努力一些，下次一定能考得更好"，而不是"像你这样学习，成绩肯定好不了"。

当然，如果孩子犯错了，也应该立刻指出来。不过，指出错误的方法应该根据孩子不同的成长阶段来选择。孩子年龄越小，越可以直接指出他（她）的错误行为，并提出正确的做法。

到了孩子能够自觉认识错误的阶段，父母在指出孩子的错误并训斥他（她）之前，最好能给孩子一些时间，让他（她）独自反省一下自己的错误。然后，父母只要指出整个事件中孩子做错的事情就可以了。与其由父母把前因后果——罗列出来，不如引导孩子自己说出错误之处，并由孩子自己提出解决方案。

这种做法远比父母的训斥和命令来得有效。对于高年级的孩子来说，父母的训斥和命令，只会让孩子变得更加叛逆。

另外，在与孩子开始沟通之前，要确定好沟通的主题和范围，不要将沟通演变成父母一方的演讲或训话。如果不想让孩子只做短语式的回答，父母提出的问题就必须是开放式的。

"你做了，还是没做？"对于这样的问题，孩子只可能回答"做了"或者"没做"。而如果问题变成"你告诉妈妈，当时发生了什么事情？"孩子就可以先回顾一下当时的状况，然后将事情的前因后果——讲述出来。

在对话的过程中，不要简单地说"好"，或者只是随时指出孩子的错误。对于孩子做得好的地方，可以说，"做得很棒，你当时是怎么想的？"这样，对话可以很自然地深入下去了。

跟孩子说话时的注意事项

- 不要将对话变成一个人的演讲。
- 不要指责或声讨。
- 不要表现出愤怒的情绪。
- 在值得称赞的时候，要真心称赞。
- 要用心倾听。
- 沟通也需要让步，当孩子想要先说的时候，父母可以让出对话的主导权。
- 听孩子说话，也是一种良药。

父母牵引的力量越大，孩子想要
向反方向拉伸的欲求也就越强烈。

06 第六把钥匙：与孩子展开智慧的较量

现在很流行一种"两人三足"比赛，就是把两个人的每人一只脚绑在一起，然后两人一齐向前跑。乍一看，似乎很容易，但实际做起来并不是那么简单。这个比赛的胜败，取决于两个人的动作配合是否足够默契。虽然心里想着，"这很简单，先这样再那样就行了"，可到实际比赛的时候，身与心却往往配合不到一处。控制自己的身心尚且如此，再配合对方，自然就更加困难了。

其实，父母和子女就如同每天都在展开"两人三足"的竞赛一样。孩子小的时候，双方的身体差异很大，父母要拉着孩子向前跑。当孩子成为中学生以后，父母与孩子双方身体条件差不多了，孩子的力量也就开始发挥作用了。

此时，在父母的主观意识里，还想着像孩子小时候那样，凭借自己的力量去牵引孩子。其实，孩子的力量已经到了不容小视的地步，从这时候开始，父母和子女的较量也就开始了。通常，父母牵引的力量越大，孩子想要向反方向拉伸的欲求也就越强烈。

这时候，如果父母一味地固执己见，继续牵引孩子，在孩子的内心就会逐渐产生一种想要战胜父母的情绪。这种情绪，会让父母在孩子心中的形象不再是善意的竞争者或尊重的对象，而变成敌人，甚至是蔑视的对象。

一旦父母变成了敌人或蔑视的对象，并且这种矛盾持续升级的话，孩子就会想在感情上支配父母。

想想我们小时候的秋季运动会。在蔚蓝的天空下，一边吃着美味的寿司，一边奋力为运动员加油，那是多么美好的时光。但是，还能想得起当时是谁获得了第一名吗？其实，重要的并不是谁得了第一，重要的是大家在享受这项活动。

请理解自卑感带来的愤怒

愤怒，是在遭到别人拒绝，或者感觉自己的存在毫无价值时爆发的一种情绪，它是人类情感中最突出的一种。另外，得不到别人尊重的感觉；或者对任何事情都无能为力，只能接受统治的感觉；在统治环境中产生的归属感；巨大压力下产生的无力感；

以及孤独、担心、自满、自卑等各种情绪，也都可能引发愤怒。

在发脾气的时候，大部分人往往通过摔门、喊叫、扔东西等过激行为或方式来表达愤怒的情绪。实际上，自暴自弃、无力感、不安和焦躁、焦虑等，都是与愤怒有关的情绪。愤怒还会破坏调节食欲的激素，导致食欲不振，以及失眠等。愤怒还表现为自怜、自责、心情萎靡。所以，一个人在愤怒的当时，表面上就如同是休眠的火山，但是，一旦扔进一个火球，导致火山爆发，爆发力会无比强大，甚至会引发自杀或危及生命的其他极端行为。

2008年，在韩国曾经发生过一起在边境线护栏处向同伴投掷手榴弹的"手榴弹爆炸事件"。后来据军方调查，当时扔手榴弹的士兵，因得不到上级认可，产生了强烈的自卑感，而平时他又常和其他士兵出现摩擦。这些事情让这名士兵感到了极度的压力，最终导致了这种极端行为。

像这样，把自卑感深藏在内心，其实更加可怕。因此，当孩子表现出因自卑而产生的愤怒时，父母一定要帮助孩子找到愤怒的原因，并采取适当的对策。

表达愤怒也要有原则

情绪，如同可以在空气中传播的病毒，是很容易相互传染的，孩子也很容易被家庭气氛所感染。虽然所有的情绪都可以互相传染，但其中传染性最强的，可能就是愤怒了。

愤怒的特征就是它会瞬间爆发。这种特征对于青少年的影响是非常大的。来自父母的愤怒，会对孩子产生致命的影响。

对孩子来说，父母最好能完全隐藏起愤怒这种感情。但是，在日常生活中，想不在孩子面前表现出愤怒，几乎是不可能的事情。

如果想要提高孩子的学习成绩，或者希望养育懂事的孩子，父母首先就必须要调整自己的情感状态。父母已经非常努力了，但是孩子依然没能达到父母期望的水平，这时有些父母对孩子的态度就可能发生变化。常常是，对孩子学业的期望越大，父母的怒火就会越大，有时甚至还会动手打孩子。此时，最重要的就是，一定要明白，孩子的学习水平无法达到父母的期望值，其实是很正常的事情。就算暂时没有获得父母希望的好成绩，如果父母能够对此表现出宽容的态度，和孩子一起努力，营造一个适合孩子特点的学习环境，相信最终一定能收获成功。

如果想在孩子面前隐藏起自己的愤怒，平时就要定好一个关于愤怒的原则，并努力遵守这个原则。那些没有原则，随意发火的父母，其实正是自卑父母的典型。

所谓原则，其实也没有什么特殊之处。第一就是不要把以前的情绪带到当前发生的事情中，应该就事论事。

但往往是，事情发生前父母的情绪状态，会决定其愤怒程度。

在公司遇到了不愉快的事，回到家时心情恶劣，孩子偏偏又玩得很疯，还打翻了碗碟。这个时候，大多数父母的愤怒中，都掺杂着从公司带回来的不快，惩罚孩子的等级也会因此而升级。如果是平时，可能只是训斥孩子几句就完了，今天，虽然明知公司里的事情与孩子无关，但孩子还是因此得到了更严厉的惩罚。

第二就是先避开现场，哪怕只是一两分钟。孩子打翻碗碟的时候，碗碟被打翻之后的那一两分钟是最重要的，因为大多数人都是在事情刚刚发生时引爆愤怒的。

"妈妈先去换件衣服，然后再来收拾"，然后走回自己的房间。或者说"妈妈来收拾，你先去洗洗手"。通过这样的方式，可以暂时避免直接面对孩子。虽然时间很短，但是可以借此让情绪冷静下来。这样做可以很好地避免因为突然爆发的愤怒而给孩子造成伤害。

第三就是尽可能更努力地控制自己的情绪。关于控制情绪，有一个很有趣的比喻，就是"给愤怒吃剂安眠药"。在夜不能寐的时候，服用一些安眠药，可以顺利入睡。同样，在控制愤怒情绪的时候，也可以采取一些努力，就如同失眠时服用安眠药一样。

首先，要分析自己在哪种情况下最敏感，或者在哪种情况下容易出现爆发行为。人类在处理一些糟糕状况时最快速，也最重要的手段之一就是愤怒。在古代，哲人们都要学习如何回避和冷却愤怒的情绪。同样，父母也应该学习健康表达愤怒的方法，当然，孩子也要进行同样的学习。否则，无论什么状况，只要一发怒，就会出现摔摔打打，大吵大闹的场面。如果现在你仍然通过大吵大闹的方式向家人表达愤怒情绪，最好能给自己一些时间，好好思考一下到底应该怎样做。关于自己的感情应对方式，最好能与家人讨论，并从中得到一些启示。在发脾气的时候，放慢语速，降低声音，这些方式都会对控制情绪很有帮助。

要向孩子袒露自己的内心

大部分父母都自认为很了解自己的孩子。因为从孩子一出生，父母每天都在照顾他（她）。可以说，孩子的生活，也是父母生活的一部分。

小学时，爱看电视，不爱学习；中学时，喜欢跟朋友在一起。很多父母都能知道孩子要说什么，要做什么，甚至一眼就能看出孩子在想什么。有趣的是，虽然父母如此了解孩子，但他们却常常忽视了隐藏在表象背后的——孩子的内心世界。

虽然有很多父母都知道，孩子是因为不想去补习班，故意装作肚子疼，但是，几乎没有哪位父母能了解，孩子究竟为什么不喜欢去补习班。父母知道的，只是孩子在反抗自己，而在孩子行为后面隐藏的想法，却是父母不了解的。

这是因为，许多父母并没有努力读懂孩子的内心世界。在很多父母的观念中，认为孩子的行为是否符合父母的要求，是否符合传统的原则很重要，而孩子的真实想法如何，反倒是不重要的。

很多父母送孩子去补习班时，如果孩子没有表示反对，他们就错误地认为，问题已经解决了。

父母之所以不愿意，也不能够真正了解孩子的内心世界，是因为他们也不曾对孩子袒露过自己的内心。父母只是表面上发挥了父母的职责，并没有积极地把自己的真实想法传递给孩子。

如果父母和孩子没有展开真正的内心交流，那么，随着时间的流逝，彼此之间的矛盾就会越来越严重。

真正合格的父母，会在开启孩子的感情之前，先审视自己的感情，并懂得如何坦率地把自己的感觉告诉给孩子。

"你以为妈妈是傻瓜吗？我知道你肚子根本就不疼，别演戏了，赶快上补习班去。"

这样的话，应该变成另一种说法。

"妈妈觉得，你现在好像不是肚子疼，而是心里疼。我知道你不喜欢去补习班，不过，现在妈妈也不太高兴，因为你是个装病、不守约的人，妈妈希望你做一个诚实的孩子。"

必须要明确地告诉孩子，妈妈因为什么而感到失望。如果让孩子觉得，妈妈就是单纯地因为自己不去上补习班而生气的话，孩子当然就会认为"妈妈根本不明白我在想什么"，或者认为"对妈妈来说，补习班比我更重要"。

可是，如果让孩子明白，妈妈不高兴是因为"你是个装病、不守约的人"，妈妈"希望你做一个诚实的孩子"，情况又会怎样呢？

父母即使什么都不说，相信孩子也会自动去做自己该做的事了。如果每次出现问题的时候，父母和孩子之间都能实现这样的沟通，相信许多问题都可以迎刃而解了。坦率地讲出内心的想法所产生的力量，要比想象得更强大。

重要的不是解决问题的速度，解
决问题的过程和方法更重要。

07 第七把钥匙：与孩子共同解决问题

有孩子的家庭，父母往往因孩子的问题而感到担心和焦虑。

偶尔也会遇到一些父母会说，"我们家孩子什么问题都没有"，恐怕那也只是"到目前为止还没有"而已。即使现在没有问题，恐怕不知道什么时候就会出现。因为，问题本身就是人生的一部分。所以，与其期盼没有问题，不如期盼在出现问题以后，妥善解决问题。

父母和孩子，都是在对那些像纱线一样纠结的问题进行解决的过程，来确认相互存在，达成相互理解，慢慢变得成熟起来的。

可是，如果不能很好地解决这些问题，父母和子女很可能都会因此受到严重的伤害。在学校或社会中遇到的问题，虽然也可能是非常严重的，但是和发生在家人之间的问题相比，那些就算不了什么了。家人之间彼此造成的伤害，是其他任何伤害都无法比拟的。

错误地解决问题很可怕，无法解决的问题也很可怕。总之，父母与孩子必须集中力量，为了解决家人之间存在的问题而共同努力。那些不想和孩子共同解决问题，而只想一个人闷着头的父母，完全是自卑感使然。其实，在与孩子共同寻找答案的过程中，说不定孩子会自己找出答案。

改变看问题的视角

"还有这么让人头痛的孩子吗？我肯定是全世界最可怜的妈妈。"

花费了大量金钱和精力养育大的儿子，突然有一天说，不想上大学，要去走一条别样的路。妈妈的反应是，"听到儿子的话时，我几乎都不想活了。"她说，无论付出怎样的代价，都希望儿子能重新变回以前那个乖巧的模范生。

可是，任何问题都可能有意想不到的答案，所有不幸也都可能是幸福的开始。因为任何事情，都不可能是完全负面的，看似不好的事情有可能存在肯定的意义。

这位妈妈恰恰就需要这样的智慧。不要把问题只看做是问题，有些时候，的确需要重新确定坐标，开启一条新的道路。

如果妈妈总是想着，"所有的希望都破灭了"，只会让自己更加生气。

"以前，儿子一直没有任何目标，只知道按照妈妈的要求去学习。这次，正好可以让他有机会，好好思考一下自己的人生目标，或许这也是个很好的契机呢。"我对这位妈妈建议。

"可是，现在他的同学都正抓紧一分一秒用功学习，他这样不是在浪费时间吗？"

"首先应该想一想，到底什么更重要。与其等孩子按照家长的要求考进大学，然后又中途退学，现在这样是不是更好些？而且，与其等他大学毕业以后，根据自己的专业找了工作，然后又突然觉得，'我的人生毫无意义，都是因为妈妈，我才如此不幸'，现在这样不是更好些吗？"

听到我这样说，这位妈妈才表示也有同感，担心也似乎少了一些。

自己认识到走上了错误的人生方向，并提出异议，对于在应试教育中长大的孩子来说，简直是奇迹般的事情。与妈妈的想法相比，孩子的世界观，或许更加健康。

父母对孩子表现出的理解与支持，会让父母和子女之间的关系更紧密。在此基础上，孩子在对目前的人生感到满意的同时，还会主动去寻找对未来的全新挑战，并能充满自信地去寻找属于自己的人生道路。稍微变换一下角度看待问题，就会看到完全不同的另一面。其实，只要稍微改变一下视角和思路，大多数问题都是可以解决的。越是发达的社会，人们看问题的角度就越多样化，解决问题的能力也越强。

找到问题的源头

寻找问题源头的过程，是非常重要的。曾经成绩优异的孩子，突然拒绝上大学，肯定是有原因的。

这些问题就像地震一样，存在一个震源。只要找到这个"震源"，问题就解决掉一半了。

可是，自卑的父母，对于寻找问题的源头，往往不关心。这是因为他们没有面对现实的勇气，他们害怕知道孩子拒绝上大学的原因可能就是自己。但是，如果不找出根本原因，只是关注表面问题，要想让孩子回心转意，几乎是不可能的事情。

不要总是问孩子"为什么"，也不要想着说服孩子"快改变主意吧"。

在寻找源头的过程中，最好能邀请专家或第三方共同参与。只凭借父母的力量，恐怕是很难找到真正原因的，特别是当这个原因与父母自身有关时，就更是如此了。

这是我曾经接触的一个案例。与孩子沟通后，发现问题的原因与之前我的预想差不多。

事情的原委是这样的。这个孩子的父母全都毕业于名牌大学，但他们对于自己的职业和生活，都非常不满意。"我拼命去学习，然后考上一流大学，最后可能像爸爸妈妈一样生活"，因为孩子有了这样的想法，才会对上大学采取拒绝的态度。

在孩子印象中，爸爸从名牌大学毕业，按照所学专业找了一份工作。而最后，爸爸只能从事自己不喜欢的工作，并这样度过一生。每天都很晚下班，回到家以后，还经常唠叨在公司里受到的排挤和同事之间的矛盾。

妈妈的状态也很类似。拿着名牌大学的文凭，与一个门当户对的男人相遇并结合，可其实彼此之间并不合适，接下来的就是不幸的婚姻生活了。

在孩子看来，无论是爸爸还是妈妈，大学文凭不是他们的骄傲，而成了他们人生的羁绊。最终，爸爸妈妈的生活状态，成为孩子拒绝上大学的决定性因素。

肯定孩子的意见

现在就到需要解决问题的阶段了。在这里，重要的不是解决问题的速度，解决问题的过程和方法更重要。在这个过程中，孩子发挥什么作用，父母发挥什么作用，孩子和父母能够充分沟通并达成共识，取得双方都能认可的结果，是非常重要的。

孩子父母经常犯的一个错误就是，在认真与孩子沟通，并且也很好地找到了问题源头后，却按照自己的意愿做出结论。

"哦，原来你是因为这个原因才不想上大学的呀，我能理解。不过，大学还是必须要上的，知道吗？好啦，现在回房间学习去吧。"

虽然自己知道这样有些极端，但很多父母的确就是这样子做的。如果得出这样的结论，那么，前面的沟通过程就没有任何意义了。如此一来，孩子得到的经验就是，拼命地向前跑，最后撞到墙，摔个大跟头。可是，父母却十有八九会这样做。这样的结论虽然再次无条件地证明了父母的权威，它却也给了孩子一个绝望的打击。正确的做法应该是，在找出问题原因之后，要与孩子一起沟通和协商，找到一个最合适的解决方案。

比如，如果能向孩子提出这样的问题："那么，你现在是想搬出学校宿舍，每天直接从家里去上学，只上一些基础课程，还是干脆转到其他学校呢"，相信孩子就会说出自己的真实想法了。

当然，孩子只能从目前自身能达到的高度来看待问题，而这个高度肯定要比父母的视线低。但是，或许从孩子的高度上看问题，也能看到父母发现不了的一些东西。

孩子提出的解决方法，就算是很幼稚，作为父母也应尊重孩子，并对孩子的想法做出肯定的反应。当实在无法包容孩子的意见时，也要坦率地把自己的感觉和想法告诉孩子，而不能指责，甚至打骂孩子。

在现实中，父母可能会忍不住说出这样的话，"你知道给你花了多少课外辅导费吗？"这样的质问对于解决问题是没有任何帮助的。相比之下，最好能通过这样的方式来把自己的想法告诉孩子："如果现在转学，那以前付出的努力就都白费了，这样是不是太可惜了？所以，让我们再想想，有没有其他的办法"。这样做就不至于对孩子造成伤害了。

还有一点也很重要，孩子是解决问题的主角，所以尽量不要让孩子中途放弃。当气氛变得严肃，父母的口气也越来越严厉时，孩子往往会说出这样的话，"我不管了，随便吧。"或者"你们别说了，我去上学总行了吧？"

接受彼此的差异

有时候，父母无论怎样努力可能也无法理解孩子。在父母的价值观里，名牌大学占据着绝对的位置，当然会对孩子寄予上名校的希望。从父母的立场来看，的确很难理解付出努力却又要放弃的孩子。而从孩子的立场来看，也很难理解父母想让自己拼命学习的想法，反正最后也是不打算上大学的。

父母和孩子的价值观，就会因此发生激烈的冲突。这时候，父母必须要了解一个事实，那就是，孩子能够这样明确表达出自己的想法，恰恰就是孩子健康成长的一个标志。孩子希望独立开创属于自己的人生，而不是听从父母的操纵，这真的是一件值得鼓掌表示庆贺的事。当然，孩子理想的人生与父母的期望完全不同，也的确令人感到遗憾。

　　当价值观出现碰撞的时候，只有一个解决方法，那就是接受彼此的差异。只要能接受，就不会有纷争。对于孩子来说，父母可以成为咨询师，也可以成为医生，咨询师是把方法教给咨询者，而医生则是给患者开处方。是采用咨询师提供的方法，还是按照处方吃药，完全取决于"咨询者"和"患者"，也就是孩子自己的意愿。

　　解决这个问题的方法只能是接受彼此的差异。如果父母能先接受彼此的差异，孩子往往也能做到。如果父母先做出让步："我能理解你的想法"，孩子往往也会做出让步："我也很明白爸爸妈妈反对的理由"。

　　如果相互退让一步，彼此就都有了空间。一旦有了空间，双方就可以更深入地对问题进行沟通，并因此获得更好的结果。

　　无论最终的结论如何，在解决问题的过程中，全家人都可以学到很多东西。通过这样的过程得到的，相信一定会是最好的结果。

母爱无边 养育有度
给孩子一个不卑不亢不纠结的人生

08
延伸：通过肯定的思考方式摆脱自卑感

在日本有这样一位青年，出生时便因先天缺陷没有手脚，一生都依靠轮椅行动，但是他比任何人都更健康，更阳光。他就是曾经登上畅销书排行榜的《五体不满足》一书的作者——乙武洋匡。

成年之后，乙武洋匡的四肢只有10厘米，可就是凭借着这样的四肢，从跑步，到棒球、篮球、游泳，这些运动他几乎无所不能。在他看来，自己的身体，不是极度不便，而是充满个性。

乙武洋匡之所以能成长得如此优秀，完全得益于他的父母。特别是他的妈妈，对他有着极为重大的影响。

当第一次见到没有四肢的孩子时，妈妈说的第一句话是"这是我最可爱的宝宝"。

如果是其他的妈妈，或许会因为受不了刚出生的孩子存在残疾而昏过去。可是，对于乙武洋匡的妈妈来说，无论孩子什么样，那都是她生下的最可爱的宝宝。与孩子身体的残疾相比，她首先感受到的是孩子的存在，这个存在本身就是完美的。

虽然儿子要用脸颊和肩膀夹着铅笔学写字，虽然儿子要利用杠杆原理来驾驭勺子吃饭，可是在日常生活中，妈妈尽量像对待正常孩子那样对待乙武洋匡。妈妈不会给乙武洋匡特别的保护，也从不害怕让别人看见自己的儿子。

这句话已经重复过好几次，不过在这里，还是要再强调一次——家庭是孩子最早接触的社会，父母是孩子来到这个世界的第一层关系。正因为在这层关系中没有遭受拒绝，乙武洋匡才成长为一个没有自卑感的孩子。他可以感受到妈妈对自己的爱，因此他也就理所当然地认为，别人也会如此。

乙武洋匡只是身体存在残疾，在心灵方面，他是最自信、最没有自卑感的人。而他的妈妈，也同样是个完全没有自卑感的人。她一直充满自信和勇气，能够坦然地面对自己的自卑。在这种情况下，自卑反而变成了成功的原动力。

要想摆脱自卑感，最需要的就是拥有正面而积极的心态。孩子表现出某些问题时，如果父母对此过分在意和责备，只会让情况变得更糟，也不可能对解决问题有任何帮助。能够解决问题的，是理性的思考和行动，能够带来这种思考和行动的，恰恰就是正面而积极的心态。

假设上小学的孩子偷拿了同学的钱包，这时候，父母表现得好像天要塌下来一样，这是最不可取的。不同的孩子，道德观的建立存在着早晚的差别。对于孩子偷钱包的行为，当然应该明确地指出其错误。父母对这件事的不同态度，会对孩子日后的行为产生很大的影响。"偷东西是非常坏的行为，以后绝对不能再做这样的事了。不过，每个人都会犯错，所以这次可以原谅你，但以后再这样可不行了。"

应该明确指出孩子的错误，但不要因此就让孩子陷入过度自责之中。如果父母面对孩子因一时好奇和失误而犯下的错误时，好像他（她）犯了天大的罪过一样，给孩子很重的惩罚，孩子很可能会产生自责和叛逆情绪，严重时可能离家出走，甚至加入一些不良团体。也有些妈妈在遇到这类情况时，就像抓到孩子小辫子一样，禁止孩子外出，或者因为听到别人的闲话而感到没有面子，最后选择搬家。

低年级的孩子，对于错误的行为，还不具备足够的分辨能力。也就是说，他（她）还弄不清楚某些行为到底是对还是错，常常是透过成人的反应来进行判断的。例如，"要是不好好吃饭，就会挨骂；要是偷同学的钱包，就会又挨骂又挨打"。

如果真的因为孩子偷钱包而举家搬迁，后果会怎么样呢？孩子可能会因为这件事而终身自责，即使岁月流逝，这种羞耻感也不会消失。

父母送给孩子的最好礼物就是肯定，而父母送给自己的最好礼物也是肯定，摆脱自卑感所必需的，依然是肯定。

养育无自卑感羁绊的自信孩子

每个孩子都希望自己长大后能充满创造力，充满自信。可是，往往因为父母的自卑感，孩子无法学会幸福成长的方法。这样的孩子就像没有出海就触礁的船只一样，时刻都在经历着精神上的磨难。即使孩子的行为上出现了问题，那也都是可以解决的。因为孩子表现出来的行为，大部分是保护自己不受父母自卑感影响的防御性行为。所以，如果父母能先做出改变，孩子也会以惊人的速度发生变化。

在第四章中，我们要介绍的是让孩子超越自卑，幸福成长的教育方法。懂得主宰自己的人生，充满热情，思想自由，与人友善的孩子，不是靠父母的私心打造的。父母只有放下所有的自卑感，与孩子真心相对，孩子才能幸福、健康地长大。

压制孩子的自律性和主导性，
孩子的潜力也会一同被压制。

01
养育有自律性和
主导性的孩子

　　孩子的自律性，通常是在3～5岁这个阶段建立的。在这个时期，父母的养育态度显得尤为重要。父母的做法不同，有可能让孩子建立自律性，也有可能让孩子只有依赖性。

　　在这个阶段，吃饭的时候，孩子会固执地总想自己拿筷子；走路的时候，孩子会想要甩开父母的手一个人走。有趣的是，所有的孩子，无一例外都会经历这个过程。在公园里，看到有的孩子走在父母前面两三步，并且走得很认真，多半是他（她）快到这个时期了。

　　在这个时期，父母的正确介入是非常重要的。安静地看着孩子吃饭的样子：送进嘴里的饭，或许粘到衣服上，或者掉在桌子上。开始的时候，可能仅仅是看着，但过不了一会儿，很多父母就坐不住了。这些父母的想法，当然是想让孩子好好地把饭吃下去，但还有一个很重要的原因，是他们不希望情况变得更加难以收拾。清洗粘满饭粒的衣服，或者收拾洒满饭菜的桌子和地板，都是很麻烦的。

走路的时候也是一样。当孩子摇摇晃晃向前走时，作为父母，当然担心孩子摔倒和受伤，此外在父母看来，弄脏或扯破衣服也是麻烦的事情。如果孩子摔疼了，哭了，还要抱，还要哄，情况就会越来越复杂。所以，一般没等孩子独立走几步，父母就索性把孩子抱起来了。

这样的事情反复发生，孩子的主导性就会一点点地受到压制。"你自己吃饭会洒的，还是妈妈喂你吧""自己走多危险啊，快让妈妈牵着手"……这些话，听上去似乎都是为孩子着想，但从长远来看，却会对孩子产生不良的影响。

那么，应该怎么做呢？最好的方法就是，即使对孩子的行为不满意，也要先对孩子加以鼓励，实在看不下去时，最好提出一种新方法来帮助孩子。

"吃得真好，不过，妈妈可以稍稍帮你一点忙。"然后，可以把餐桌挪得离孩子近一些，或者为孩子换一把更好拿的勺子。这样，孩子就能减少掉饭粒了。对于孩子的行为，除了简单的命令，还有很多可以改善的方法。

对总想要自己走路的孩子，可以跟他（她）说："走得真好，不过，这里车太多了，我们去那边走，好不好？"然后带孩子去一个安全的地方。这样做，显然比只说"太危险了，快让妈妈领着"好得多。

压制孩子的自律性和主导性，孩子的潜力也会一同被压制。父母像影子一样紧跟着孩子，孩子的所有行动都要由父母决定，这样长大的孩子，在日后的生活中也多会畏缩不前。

在父母看来，孩子十分固执，但实际上孩子只是在努力发挥自律性。不要忘记，希望凭自己的力量做事情，这种努力本身就是孩子发育过程中的一个重要内容。

自律性和主导性会对学习和人生有重大影响

很多从国外回来的人都表示，"没有比国内孩子更可怜的孩子了"。因为他们从上小学开始，一直到考上大学，要受到无数课外辅导的纠缠。

当然，其中也有一些是因为孩子自己喜欢才去学的，但是大部分孩子都是在父母的"逼迫"下去的。邻居家的孩子上了美术班，妈妈的心里就会充满一个念头，"只有我们家孩子不会画画可怎么办？"妈妈甚至还会想象，在学校上美术课时，邻居的孩子总是受到表扬，还在比赛中获了奖，而自己的孩子只能听老师的批评。最后，在"别人都在做"的想法驱使下，妈妈终于让自己的孩子也报名参加了美术辅导班，并认为自己的做法十分合理。

因为觉得孩子应该掌握一门乐器，就让孩子学习钢琴或小提琴。就因为听别人无意中说自己的孩子好像有些胆小，就给孩子报名，让他（她）参加跆拳道班。这样一个一个地叠加，最后，孩子的课余时间都被各种补习班填满了。

一些艺术方面的技能或是特长，单纯依靠个人自学是很难达到一定水准的。因此，补习班或辅导班就成了一个无法回避的选择。但问题是，如果整个小学阶段都这样度过，孩子很可能就会失去学习自律性的机会，他们不懂得自己做决定，而且缺乏目标意识，只会被别人指挥得团团转。

如果这样的生活持续10年以上，甚至一直到长大成人，那么即便孩子成年了，也无法脱离父母，难以建立独立的生活。而且，这样的孩子对掌握自己的人生，也毫无概念。

现在的年轻人，在精神上脱离父母，发挥作为社会一员的作用越来越晚，主要就是因为父母的过度保护。父母没能让孩子在儿童时代很好地确立主导性。

如果不放心让孩子独立决定所有的事情，那么至少在决定上什么补习班，或者想学什么课外技能的问题上，积极地让孩子来参与意见。

其实，比这种参与更重要的是，虽然自己做选择是个痛苦的过程，但还是要鼓励孩子自己为这个选择负责到最后。

在这个过程中，孩子能够学会忍耐。这种品质将对他

（她）日后的人生产生重大影响。而且，对孩子来说，完成自己做选择的过程所带来的成就感也是很大的。

对于父母为自己选择的人生，孩子可能会有很多抱怨，但如果是自己做出的选择，就不会出现这种情况了。因为无论情况是好是坏，那都是自己做的决定。就算再辛苦，孩子也依然会坚持，不放弃。这个过程本身就是一种很好的学习。

放弃无法实现的期待

妨碍孩子自律性发展的一个重要因素，就是父母的贪心。在咨询过程中，我遇到过很多孩子父母，对于自己的这种贪心，他们甚至直言不讳。

"我当然希望他能按照我的想法来成长。我们家孩子很想学电吉他，已经缠了我一个星期了，其实我也很想说'想学就学吧'，可是父母的想法不是那样的。学了电吉他以后，多半就会组乐队，然后就是将心思放在乐队上，肯定会顾不上学习。所以，最后我还是给他报了钢琴班，钢琴能提高音乐课的成绩。"

这是很多父母的想法：孩子要学习一门课外技能，同时这门课外技能又能对课堂学习有很大帮助。这样的想法其实也是可以理解的。但是，如果每次都让孩子屈从于父母的想法，最后结果会是什么呢？

在前来接受咨询的孩子中，偶尔也会遇到那种满腔愤怒的孩子："妈妈总是按照她的想法指挥我"。在他的成长过程中，从来都不能自己做出选择，所以现在干脆连选择的意愿都没有了。其实，在孩子的内心深处，对妈妈充满了怨恨。

如果想培养孩子的自律性和主导性，首先，父母必须适当地控制自己的贪心。学这个有这样的好处，学那个有那样的好处，放弃哪个都令人感到遗憾。但如果不退后一步，必定会引发矛盾。

如果能够抛弃这种贪心，对孩子的期望值也会适度降低。即使孩子达不到父母的期望，父母也能以平和的心态接受。现在，就算孩子成长得比较慢，但是日后孩子的人生成长要快几倍。

就算让孩子上了钢琴班，就算在当下的音乐考试中获得了不错的成绩，但是由于是妈妈强迫学习的钢琴，孩子在日后很可能会选择放弃，甚至会因此变成一个毫无兴趣爱好的人。

在童年时代没有机会发挥主导性的孩子，在最终自己能够做决定的时候，很有可能完全摒弃父母的期待。

培养育自律性和主导性的孩子

- 多称赞孩子，尽量支持孩子的选择。

- 就算孩子的选择与父母的希望不同，也要给予孩子肯定和关注。

- 就算孩子的选择是错误的，也不要直接按照父母的意愿去更改，而应该提出一种新的选择方法。

- 要鼓励孩子坚持自己的选择，并对自己的选择负责到底。

- 减少父母的贪心，即使孩子无法达到父母的期待，也要对孩子的努力予以肯定。

对知识没有热情的孩子，对学习自然也不会有持久的兴趣。

02
养育对知识充满热情的孩子

学习成绩好与求知欲强烈，是两个不同的概念。

那些被大家公认学习好的孩子，并不是个个都对知识充满热情。因为孩子的学习，准确地说，是在学校里的学习，只要孩子头脑聪明，或者妈妈加以督促，孩子就可以获得很好的成绩。而对知识的热情，则是指全部的学习行为。

就算学习成绩不错，但对其他事物感受不到兴趣，这样的孩子显然对知识缺乏热情。如果孩子对知识缺乏热情，即使现在学习成绩好，这种情况也无法持久。

如果想让孩子对知识产生热情，首先，必须让孩子对人生充满热情，并且拥有正确的价值观。现在，年轻人自杀已经成了一个严重的社会问题。在人生最美好的时期，也是最幸福的时期，终日流连于那些"自杀网站"，寻找"同路人"，这是多么令人遗憾和心寒的事啊。虽然人们自杀的原因各不相同，但最终都是因为对生活失去了希望。想象一个场面：某一天早上，年轻人睁开眼睛从床上坐起来，觉得对人生已经没有一丝热情和留恋，于是选择了自杀。

对人生没有期望的人，自然不可能对知识产生热情。对知识没有热情的孩子，对学习自然也不会有持久的兴趣。

在咨询工作中，偶尔会遇到一些父母，他们曾经从孩子嘴里听到足以让人震惊的话。孩子曾对妈妈说："我总是学习不好，妈妈杀了我算了，反正是妈妈把我生下来的，现在也该由妈妈把我杀死"。父母从孩子嘴里听到这样的话，真的会感到崩溃。

父母都希望自己的孩子学习成绩优异。但是，要培养一个学习好的孩子，必须先要培养孩子对知识的热情。这里所说的知识，将会贯穿人的一生，并且拥有改变世界的力量。并且，父母必须要帮助孩子认识到这一点。否则的话，孩子与学习之间的纽带，不知道什么时候就会断裂，孩子的人生也将受到学习成绩好坏的束缚。

接受个体差异

如果问问小学生父母，当从孩子手里接过成绩单时，说的

第一句话是什么？最多的回答是"得了第几名？"很多父母都更重视排名，而不是分数。就算自己的孩子得了90分，可如果同班孩子里有一半以上都得了90分，父母也不会感到高兴。大部分父母都相信，自己的孩子要比别的孩子更优秀一些。

这种希望自己的孩子比别人更胜一筹的贪心，常常让很多父母不能接受孩子在学习上的个体差异。其实他们并不是不能接受，只是不愿意接受罢了。

"别让孩子上学了，教给孩子一门技术，你觉得怎么样？"

如果在咨询过程中，对孩子父母说出这样的话，我恐怕会被揪住衣领教训，或者被眼神的利剑杀死。因为大部分父母都希望自己的孩子学习成绩优秀，成为某一方面的专家。每个孩子都有自己擅长的方面，如果能尽早发现孩子的特长，就能更好地开发孩子的潜质。这是很多父母都知道但却很难做到的。"隔壁的英植虽然学习好，可是你的手很巧，以后你当个美容师或者厨师，也很不错呀！"如果能有这样的父母，那么孩子才真是幸运呢。

孩子们的个体差异，有时其实就是发育上的时间差异。学习好还是不好，一个重要的决定因素就是智能，而培养智能的要素之一就是目标意识。孩子的目标意识越明确，他（她）的智能发育以及学习成绩也就会越优秀。

比如，产生了想把玻璃瓶里的糖拿出来吃的目标意识后，孩子就会把全部精力都集中在这个玻璃瓶上。集中精力以后，脑细胞就会非常活跃，此时孩子满脑子充斥的都是怎样打开瓶盖子的想法。

有些人很早就开始有了目标意识，但也有些人一直到成年之后才有这种意识。偶然遇到一位高中同学，他现在是一位医生。上高中的时候，这位同学的成绩一直处于中下游，现在却成了很不错的医生，让我感到非常好奇。

后来听其他朋友说起这位同学的事，才解开心中的疑惑。原来，在他上大学的时候，他母亲因病医治无效去世了。这件事让他对学习医学产生了强烈的目标意识。最终，他放弃了当时的学业，重新备考，最后如愿考上了医科大学。

这位同学，上高中时不曾有的目标意识，虽然推迟到大学期间才出现，但是，他有了目标意识以后表现出了比一般人强几倍的专心，在很短的时间里就提高了成绩。这种情况其实并不少见。当然，与之相反，年少时踌躇满志，随着年龄的增长，逐渐丧失了目标意识的人也很多。

就算孩子现在没有发挥出潜力，父母也不必过分着急。因为孩子之间存在发育差异，每个孩子发挥出潜力的早晚是不同的。

一起找原因

孩子对知识没有热情的原因，大致可以分为自我、家庭环境、校园环境三种情况。

第一，原因在于自我。除了智能方面的原因，健康程度也很重要。孩子无论头脑多么聪明，多么努力用功，如果身体总是出现问题的话，也无法做到专心致志地学习。虽然孩子坐在书桌前，如果头疼、手腕发麻，不光学习，恐怕连做其他的事都会力不从心。如果健康存在问题，孩子的意志力也会越来越薄弱。健康与精神是紧密相连的。

学习与性格也有一定的联系。这里的性格，指的不是善恶，而是成就感与竞争意识。越是有不愿意输给别人的性格，孩子的学习欲望就会越强烈，学习好的几率也相对较高。

金妍雅是一位世界知名的运动员，在她身上，就有着强烈的求胜欲。她对待学习也是一样的。

第二，原因在于家庭环境。从小学开始，孩子的性格和学习状态，与父母的关心是成正比例关系发展的。这里所说的父母的关心，不单是经济上的支持，还包括在培养孩子正确学习习惯方面，父母发挥的力量。

最近有这样一种说法，父母的经济能力、妈妈的信息量、孩子的头脑是决定孩子学习成绩的三个因素。但实践证明，最终引领孩子学习成绩的，不是经济能力、信息量和头脑，而应该是父母自身的学习态度。

就算每天忙于工作，信息量不如其他妈妈那么丰富，但是，努力工作并在自己的领域做出成绩的妈妈，可以成为孩子学习的榜样。因为妈妈让孩子从中领会到一种正确对待学习的态度。

有些父母认为，只要给孩子提供经济支持就足够了。他们给孩子聘请高价的辅导老师，让孩子报名参加昂贵的辅导班，自己每天却只知道看电视。还有些父母，对于自己的工作完全没有热情，或者在家里从来不看书。在这样的父母身边成长，孩子是很难对知识产生热情的。孩子对知识的热情，是绝对无法靠金钱来获得的。

第三，原因在于校园环境。孩子对于知识的热情，要在家庭中确定基本框架，然后再到学校进行确认和展开。学校教育最重要的决定因素之一，就是教师的能力。遇到不同的老师，孩子会有不同的学习体验，他（她）可能会认为学习趣味横生，也可能会认为学习枯燥无聊。

对学习缺乏热情的孩子往往有这些特征

● 注意力不集中

这类孩子从小就缺乏良好习惯的培养，很难安静地坐下来好好看书。对于这样的孩子，最好不要让孩子一个人学习，而是将孩子学习的地点安排在公共场所，例如图书馆或自习室等，并提前和孩子一起确定好学习内容。

● 不规律地学习，做功课拖延

无法感受到学习乐趣的一个重要原因，就是做功课时总喜欢拖延。从学习效果来看，预习和复习非常关键。父母应让孩子明白，对当天学习的内容，要进行复习，也要按时完成老师留的作业。其实不仅是学习，在日常生活中也应该培养孩子养成做事有规律的习惯。

● **对学习完全没有兴趣**

学习的最大动机应该来自于兴趣。因此，要想让孩子好好学习，就需要能够诱发学习兴趣的"助力者"来帮忙。最好的方法，就是让孩子经常和爱学习的朋友在一起。

● **缺乏耐心，容易放弃**

耐心是学习的一个必需要素。和生活一样，学习也是有阶段性的，必须要经过一个阶段的学习，实力才能增加。当孩子表现得没有耐心时，父母应该适当介入，给孩子鼓励和帮助。例如，这时候可以将孩子的学习过程分割为几个部分，每完成一个部分，给他（她）一些小奖励。

● **想法抽象，词汇量不足**

这类孩子的特点，是无法具体准确地表达出自己的想法和感情。他们说出来的话总是模棱两可，意思模糊。说话没有核心，意思随意散漫，这样的习惯如果渗透到孩子生活的方方面面，不仅是对学习，甚至对孩子的未来也会造成不良的影响。这时候，父母最好能给予孩子一定的帮助，例如在孩子表达完以后，父母再用具体准确的语言把内容重复一遍。

动机唤醒热情

孩子学习不好的原因之一，就是没有被赋予正确的动机。对于学习动机，很多父母的认识都是错误的。

考上名牌大学并不是动机，只是一种单纯的希望。认真思考一下，为什么要上名牌大学。对于"为什么"这个问题的回答，才是动机。

很有可能，这个问题最终演化为孩子要过怎样的人生，而最后的答案，就是动机。也就是说，对于人生的具体希望，就是动机。

要想拥有精彩的人生，需要上名牌大学这个过程。那么，怎样做才能上名牌大学呢？对于父母的这类问题，孩子常常这样回答，"努力学习"。然后父母就接着说，"没错，那就好好地学习吧"。话题到这里就结束了。但这种情况，很难达到"沟通"的目的，也很难看到孩子的什么变化。要达到沟通的目的，就必须涉及具体方法。

下面让我们来思考一下具体的方法。首先需要了解孩子的实际水平。在全班40名同学中，孩子排第35名。让孩子凭这个成绩上名牌大学，几乎是不可能的。要想把这种不可能变为可能，最需要的就是唤醒孩子对学习的热情。孩子有了热情，提高学习成绩就容易了。

平时排第35名的孩子，为了考上名牌大学，表示要考到第20名。这时候，妈妈可能会说，"20名怎么可能上首尔大学呢？"

在妈妈的想法中，孩子至少也要考到班里的前10名，才有希望实现"理想"。可是，现实的情况是，本来第35名的孩子，考到第20名，本身就不是件容易的事。因为往前超10个名次，已经大大超出了孩子的能力。最后公布考试成绩的时候，不要说前10名，孩子可能连第20名都没有考到。

那么，如果孩子考了第30名，妈妈应该做何反应呢？"你自己当初是怎么说的？"如果用这种方式来指责孩子，孩子的学习欲望肯定会下降。孩子说要考第20名的时候，妈妈最好能把期望值放在第30名上。如果实际真的达到了这个目标，孩子会获得极大的成就感。与其不顾实际情况，为孩子随意定目标，最终根本无法实现，还不如将目标定得低一些，孩子努力就能实现。

让孩子相信自己的能力，就是在赋予孩子成就感动机。只有这样，孩子才能对自身产生信任，并将这种信任转化为学习的力量。

如果妈妈想当然地为孩子确定一个目标，并许诺奖励，孩子虽然心里想要实现目标，并真的付出努力，但现实情况是，孩子努力后仍会碰壁，失败而归。这必定会让孩子体会到强烈的挫败感和失落感。因为孩子知道得了第20名就可以得到妈妈奖励的一个MP3，结果努力之后仍然没有达到目标，孩子就会感受到双重的悲伤：没取得第20名的成绩，MP3也飞走了。

如果孩子尽了全力，即使没有达到之前设定的目标，妈妈最好也把奖品给孩子。孩子真的努力了，这种努力本身就值得鼓励，而且妈妈这样做也会让孩子产生成就感。

不过，大部分妈妈会这样说，"下次一定要考到第20名哦，到时候妈妈就给你买MP3。"这样一来，妈妈的期望值与孩子的现实感，距离就会越来越远。

像这样，赋予合理的学习动机，对于孩子来说是非常重要的。它也关系到孩子对知识的热情程度。

有创造性的孩子，是由有创造性
的父母打造的。

03
养育有创造性的孩子

  有一段时期，社会上有这样一种说法，那种自律性强，创造性好的人，很难融入到组织中。真实的情况是，上司对员工的要求是"誓死也要服从命令"的忠诚，对于那些经常有新主意，甚至能力比自己还强的部下，上司们常常视若无睹，或者是低估、蔑视。在这样的氛围中，无论是能力多强的人，恐怕都会遭到团体的拒绝，选择自动退出或被动退出。

  不过，现在情况已经有了180度的大转弯。多数企业，都积极采用激励方式，鼓励员工最大限度地发挥自己的能力。只有这样，员工才能充分发挥个人的能力，提高企业的竞争力。生活在当代社会，如果没有创造力，没有新想法，是很难进步的。

创造性来自于正确的教育。当然，这里所说的教育，并不单指学校教育，还包含企业教育在内的所有教育。

教育不是像做章鱼烧那样，在一个框架里填充食材，而是应该鼓励每个人积极发挥自己的特点，达成最高的目标。能干的人，除了发挥自己的能力，还要努力去发现和肯定别人的能力。从长期来看，这也是突显自己能力的一种手段。

现代社会需要的，不是对上司盲目服从的人，而是有自己个性，懂得创造性工作的人。不只是听从命令，而能够不断摸索出新方法，打破制度的框架和固有观念，这样的人才能获得更高的评价。其实，这样的人就是有创造性的人。

创造性，是当前教育的关键词。有创造性，不仅关系到个人的自我实现，对于国家发展也有着非常重要的意义。最近，作为提高创造性的教育过程之一，在韩国一些大学的入学考试中，也开始强调论述考试。创造性不仅可以改变个人的生活，还能改变企业的命运。那些有创造性的人，往往可以提高企业的生产力，增加企业收益，甚至可以左右企业的成败。

创造性强的孩子往往有这些特征

与普通的孩子相比，创造性强的孩子，通常都会表现出强烈的好奇心。而且他们对于自己的事情、想法、信念，都有明确的认识。这样的孩子不会因为担心失败而畏缩不前。对于周围的事物，他们总会提出各种各样的看法和异议；对于变化，他们也能坦然接受。有创造性的孩子认为，变化是当然的事情，并会对此表现出努力适应的积极态度。有创造性的孩子，还会表现出下面这些特征。

- 对所有的事情都表现出积极的态度，喜欢参加各种团体活动，希望获得更丰富的体验。
- 即使是一件小事，也会认真地从自己的观点出发，进行考虑，并做出回应。
- 面对反对的意见，一定会说明自己的想法，并努力证明自己是正确的。
- 意思表达得非常清楚，并且不会因为气氛的变化而改变自己的观点。
- 在周围人的眼里，这类孩子可能被认为是注意力涣散，缺乏礼貌。

父母应该怎样培养孩子的创造性

培养孩子的创造性，父母的参与是非常重要的。与其他发育相比，在特定时期，最大限度地促进创造性发育，是很重要的。智商高不一定创造性高，智商低也不一定创造性低。

由于父母发挥的作用不同，可能会提高孩子的创造性，也可能会降低孩子的创造性。优秀的孩子放任不理也依然是优秀的孩子，但是，想让不优秀的孩子变得优秀起来，就要考验父母的能力了。当然，所有的事情不能一概而论，随着父母对子女教育方法或教育价值观的改变，教育效果也会出现很大差别。

父母在什么时候，用怎样的方法，怎样介入，在孩子的创造性发展上，会表现出明显的差异。与干涉成年的大学生相比，干涉处于创造性发展阶段的儿童，效果更好。与父母单方面或者用强制态度教育孩子相比，在自由的氛围中，尊重孩子的意愿，让孩子具备独立思考和行为的能力更重要。后者会更有创造性。

看到某个新鲜事物的时候，要尽量多给孩子机会，让他（她）表达出自己的想法，但一定不要让孩子说出定式的问题和答案。在不同的情况下，孩子甚至可以不使用语言来表达自己。这时候，大多数父母都会按照自己的固定思维方式，希望孩子按照"正常"的方式思考，其实，越是创造性强的孩子，其思考方式越能摆脱掉固定的框架。

有创造性的孩子，是由有创造性的父母打造的。如果从小时候开始，从点滴的好奇心开始，父母就能鼓励孩子提出各种各样的疑问，那么这样长大的孩子，一定会充满各种令人意想不到的奇思妙想。

如果孩子提出很多问题，但父母都采取了拒绝的态度，甚至表示出厌烦，无疑会扼杀孩子的创造性。这时候，父母最好能够站在孩子的立场上，想一想孩子为什么会这么想，并和孩子一起找寻答案。

其实最重要的是，父母首先要成为有创造性的人。"种瓜得瓜，种豆得豆"，父母必须在生活中做到以身作则。

在餐厅点菜的时候，父母不要无条件地为孩子做决定，最好把选择权还给孩子，让孩子自己点菜。选择补习班的时候，也应该根据孩子的要求，加强那些薄弱的科目，这样可以更好地激发孩子的学习热情，并且有助于获得更好的学习效果。

采用托关系等方式想尽办法让孩子上重点班，这样做很容易产生一些副作用。对于这样的问题，最好能在决定前和孩子沟通，通过协商得到一个最好的方案。只有父母表现出正确的人生态度，孩子的想法和行为才能正确。

尽量增加全家人一起坐在餐桌前共聚的时间，并且不要忘记，在这段时间里，父母要好好倾听孩子说话。

父母努力与否，孩子会表现出不同的创造性。就算只是一件小事，父母也应该和孩子一起思考，哪怕出现了完全不同的意见，父母应该站在孩子的立场，尽量去理解他（她），而不能因为自己是成人就一意孤行。

在儿童的发育成长过程中，父母应努力体验、思考和行动，与孩子共同成长，绝对不能中途放弃。必须记住，父母选择放弃，会让孩子也学会放弃。

放任不管，小瑕疵会变成大麻烦。

04
养育与别人和谐相处的孩子

　　2007年，美国弗吉尼亚理工大学发生的枪击案，在全世界都引起了巨大的震惊。案犯是一名韩国留学生，这让很多韩国人都受到了巨大的冲击。令我感到震惊的是，这一事件与那些因一时冲动或偶然的情绪爆发所引起的枪击事件不同，罪犯在事发前进行了缜密的计划。

　　毫无疑问，案犯长时间受到校园生活、课业问题，以及朋友关系的困扰，社会性严重缺失，才导致了这样的结果。这件事除了反映出罪犯个人的心理异常，也表现出了一些社会问题。这些问题非常值得教育界好好深思。

　　任何一个社会都存在问题，但如果对于问题放任不理，就如同是在身边埋下地雷，非常危险。埋在地下的地雷，必须要用地雷探测仪来寻找，而以人为主体的社会问题，需要更全面的探索。

当然，眼前有很多问题急需解决。但是，对于一些潜在的问题，也要在"地雷爆炸"之前有所掌握和分析，并提前采取措施。如果认为事小而忽视不理，天长日久，小瑕疵就会变成大麻烦。

我个人认为，在人际关系中最重要的元素，是性格和社会性发展。国内大多数父母都非常重视子女的教育，但他们对孩子的社会性发展却关注不够。

很多父母错误地认为，孩子只要学习好，人生就会很精彩；为了子女的教育，甚至连自己的人生都可以放弃。

但是，成绩优异，找到一份令人羡慕的工作，人生并不会因此就变得幸福起来。无论职位多高，如果其社会性发展不顺利的话，即使自己觉得幸福，周围的亲人也可能饱受折磨。当然，更多的时候是，自己也会变得不幸。

与家人和谐相处是孩子社会性发展的开始

在社会性发展中，占据第一位的，就是与家庭成员之间的关系。家庭是社会构成的第一集团，与家人的关系，也是社会性发展的基础。如果孩子无法与家人形成亲密的关系，或者在家人面前无法实现积极的性格表现，也很难期望孩子在其他活动中有积极表现。家庭是第一社会团体，是上下级和同事关系的缩小版。

在父母与孩子的关系中，必须要训练孩子掌握怎样表达自己，如何积极地调节自己的情绪。家庭应该是家庭成员之间交流情感，互相鼓励和关怀的地方。如果多数家庭变成了家庭成员之间彼此对立，压抑感情，随时爆发愤怒的地方，那么整个社会也会陷入严重的不和谐之中。

发射人造卫星时，首先卫星和发射母体要进入一定的轨道，然后卫星逐级从能量推进器中分离出来，并最终与发射母体，也就是能量源完全分离，成为一个独立的个体，开始在宇宙中运行。

在这个过程中，如果卫星和发射母体在应该分离的时候没有成功分离，或者在不该分离时分离了，都无法完成人造卫星的成功发射。

社会关系的形成也是一样。大部分孩子出现社会性发展障碍，就是因为父母无法克服自己和孩子之间的分离而导致的。在国内，从中学到大学，乃至到孩子结婚成家以后，很多父母依然在不断介入孩子的生活，无法与孩子形成正常的分离。甚至整个社会都认为，只要是子女的事情，父母就有权力直接参与意见。实际上，这是一种错误的认识。

通常，父母对孩子生活的介入越多，孩子的自律性和自我主导性受损就会越严重，父母与孩子之间的矛盾就会频发。被剥夺了自律性和主导性的孩子，即使在成年以后，也会认为依赖父母是理所当然的事情。

在家庭关系中，与这种分离现象同等重要的，是在家庭内部能否形成真正的和谐关系。如果家庭成员都把家庭当作一个冷漠的食宿地，孩子就很难在这样的环境中学习和感受到真正的亲情。

通过家庭这一社会关系，孩子可以学习到如何表达自我，如何接纳对方，以及如何适度地调节情感。这时候，孩子对于父母的信任，将会成为他（她）长大后信任别人的重要基础。

对于孩子来说，父母的不信任真是一种致命的打击。不要忘记，幸福的生活正是源于彼此之间的信任。

父母必须教给孩子的事情

必须要教会孩子，如何区分自己的东西和别人的东西。现在，年轻的父母都认为，应该充分尊重孩子的意见。当孩子在公共场所做出一些过分的行为，妨碍到别人时，他们也会经常采取放任的态度。

如果无条件地满足孩子的一切要求，孩子很可能会丧失掉调节自我情感的能力。不会调节情感，当然很难和别人形成正常的情感交流。自由的感觉虽然很好，但必须要懂得适度控制自己的情感，向别人做出让步。而这些，都是父母应该教会孩子的。

无论创造性多么好，如果缺失了社会性，孩子就会陷入到诸多问题中。

实际上，所有的人都有自卑感，父母有自卑感，孩子也有自卑感。自卑感本身其实无所谓好坏，它只是自我概念的一种而已，但是放任不管则会酿成苦果。很多存在问题的父母，常常以自卑感为借口，而懒于进行自我反省和自我改善。如果父母一直被曾经的伤害所困扰，或者总想要掩饰自卑，反而会对孩子产生恶劣的影响。要知道，别人其实并不关注你的不足，而是你自己陷入了自卑的框框中，并因此让人生变得不幸。不要忘记，自卑感不一定总是绊脚石，它很可能会成为通往成功的阶石。